BIANCA CAPELLO

OPÉRA EN CINQ ACTES

PAROLES DE

JULES BARBIER

MUSIQUE DE

H. SALOMON

PARIS

CALMANN-LÉVY, ÉDITEUR

RUE AUBER, 3, ET BOULEVARD DES ITALIENS, 25

A LA LIBRAIRIE NOUVELLE

1886

BIANCA CAPELLO

OPÉRA

Représenté pour la première fois, sur le Grand-Théâtre d'Anvers, le 1er février 1886.

Directeur : M. GALLY | Régisseur-général : M. GRAVIER
Chef d'orchestre : M. CHAMPENOIS

CALMANN LÉVY, ÉDITEUR

DU MÊME AUTEUR

Format grand in-18.

THÉATRE EN VERS. Deux volumes.
LE FRANC-TIREUR, poésies. Un volume.

L'OMBRE DE MOLIÈRE, comédie en un acte, en vers.
UN POÈTE, drame en cinq actes, en vers.
JEANNE D'ARC, drame en cinq actes, en vers.
ANDRÉ CHÉNIER, drame en trois actes, en vers.
UN RETOUR DE JEUNESSE, drame en cinq actes, en vers.
LE MAITRE DE LA MAISON, comédie en cinq actes.
LES CONTES D'HOFFMANN, drame fantastique en cinq actes.
LES MARIONNETTES DU DOCTEUR, drame en cinq actes.
CORA OU L'ESCLAVAGE, drame en cinq actes.
MAXWEL, drame en cinq actes.
PRINCESSE ET FAVORITE, drame en cinq actes.
LA FILLE DU MAUDIT, drame en cinq actes.
LA SORCIÈRE, drame en cinq actes.
SOUS LE MÊME TOIT, comédie en un acte.
FAUST, opéra en cinq actes.
ROMÉO ET JULIETTE, opéra en cinq actes.
HAMLET, opéra en cinq actes.
FRANÇOISE DE RIMINI, opéra en quatre actes.
LE PARDON DE PLOERMEL, opéra-comique en trois actes.
LA STATUE, opéra-comique en trois actes.
PSYCHÉ, opéra-comique en quatre actes.
LES SAISONS, opéra-comique en trois actes.
PAUL ET VIRGINIE, opéra en trois actes.
UNE NUIT DE CLÉOPATRE, opéra en trois actes.
MIGNON, opéra-comique en trois actes.
LES NOCES DE FIGARO, opéra-comique en quatre actes.
PHILÉMON ET BAUCIS, opéra-comique en deux actes.
GALATHÉE, opéra-comique en deux actes.
LES NOCES DE JEANNETTE, opéra-comique en un acte.
LES SABOTS DE LA MARQUISE, opéra-comique en un acte.
LE CABARET DES AMOURS, opéra-comique en un acte.
LES AMOUREUX DE CATHERINE, opéra-comique en un acte.
SYLVIA, ballet en deux actes.
NÉRON, drame en cinq actes, en vers.
NÉRON, opéra en quatre actes.

BOURLOTON.— Imprimeries réunies, B.

BIANCA CAPELLO

OPÉRA EN CINQ ACTES

PAROLES DE

JULES BARBIER

MUSIQUE DE

H. SALOMON

PARIS

CALMANN LÉVY, ÉDITEUR

ANCIENNE MAISON MICHEL LÉVY FRÈRES

3, RUE AUBER, 3

—

1886

PERSONNAGES

FRANÇOIS DE MÉDICIS, duc de
Florence........................ MM. SAGUIN.

BARTOLOMMEO CAPELLO, gen-
tillhomme vénitien................ KINNEL.

STROZZI, gentilhomme florentin.... JOUHANET.

MANDRAGONE, familier du duc de
Florence........................ GUILLABERT.

PIETRO BUONAVENTURI, ouvrier
orfèvre......................... GOSSIRA.

MATEO, maître armurier... .... PAWELS.

MARCO, batelier................. GARRIGUES.

UN CRIEUR PUBLIC............. MARCEL.

1er ORFÈVRE.................... SOLAS.

2me ORFÈVRE................... CALMANI.

UN PAGE...................... Mlle H. MOUZON.

BIANCA, fille de Capello........... Nmes DELPRATO.

JUANITA, sœur de Mateo.......... ROMI.

LE CARDINAL FERDINAND DE
MÉDICIS, personnage muet......

SEIGNEURS ET DAMES DE LA COUR DE FLORENCE, GEN-
TILSHOMMES VÉNITIENS, OUVRIERS ORFÈVRES, OUVRIERS
ARMURIERS, SBIRES, PAGES, VALETS, ETC.

Le premier acte se passe à Venise ; les autres à Florence.
Fin du XVIe siècle.

BIANCA CAPELLO

ACTE PREMIER

Une petite place, à Venise. — A droite, le palais des Capello dont la grande façade doit se trouver sur le canal qui occupe le fond de la scène. — Une petite porte y donne accès. — Au-dessus de la porte est écrit dans la pierre le nom de Capello. — Au premier plan, à gauche, la maison de Pietro. — Sur le second plan, une hôtellerie, avec tonnelle improvisée pour la fête. — Dans le fond, au delà du canal, sillonné de gondoles, une suite de palais, brillamment illuminés. — Issues, à gauche, par une ruelle, pratiquée entre l'hôtellerie et la maison de Pietro ; à droite, au fond, par un petit pont jeté sur le canal. — Nuit de carnaval.

SCÈNE PREMIÈRE

PIETRO, Ouvriers Orfèvres, puis MARCO

Les ouvriers orfèvres boivent et chantent, attablés sous la tonnelle ou groupés sur le devant de la scène. — Pietro se tient à l'écart, assis à la porte de sa maison, et les yeux fixés sur le palais Capello.

LE CHŒUR.

Le vin fait les bons camarades !
Du plaisir donnons le signal !

1

BIANCA CAPELLO

Pour égayer les mascarades,
Buvons, buvons au carnaval !

PREMIER ORFÈVRE.

Nous nous rappellerons cette belle journée !
On ne s'amuse ainsi qu'une fois tous les ans !

DEUXIÈME ORFÈVRE.

Sous notre ample bannière en tous lieux promenée,
Nous avons effacé les autres artisans !

LE CHŒUR.

C'est nous qui sommes les orfèvres !
Nous ciselons ce beau métal
Où le vin pur plaît mieux aux lèvres !...
Buvons, buvons au carnaval !...

PREMIER ORFÈVRE, à Pietro.

Pietro, que fais-tu là ?... prends part à notre ivresse !...
Bois et ris comme nous !...

PIETRO, tristement.

Je ne puis l'oublier !

DEUXIÈME ORFÈVRE.

Crois-nous, laisse là ta maîtresse !...
Sans connaître son nom, je l'ose parier,
Tu l'as prise trop haut pour toi, simple ouvrier !

PIETRO, se levant.

Oui, cet amour, comme vous je le blâme
Et ne puis m'en guérir !
Ce nom charmant que j'ai gravé dans l'âme
Me fait mourir !

Les orfèvres se groupent autour de Pietro.

Ne riez pas de ma folie !
Hélas ! le Ciel m'en punit bien !
Je sais qu'en vain l'amour nous lie !
Je ne suis pas patricien !
Notre sort différent ne laisse
Aucun espoir à notre foi ;
Elle a contre elle sa noblesse ;
J'ai ma pauvreté contre moi !

PREMIER ORFÈVRE.

Étrange maîtresse
Que tu choisis là !
Assez de faiblesse !
Ami, quitte-la !...

PIETRO.

Oui, cet amour, comme vous je le blâme
Et ne puis m'en guérir !
Ce nom charmant que j'ai gravé dans l'âme
Ne fait mourir !

PREMIER ORFÈVRE.

Mourir un si beau soir !... tu choisis mal ton heure !...

PIETRO.

Le cœur ne choisit pas, il subit son destin !

DEUXIÈME ORFÈVRE.

Poursuis, si bon te semble, un amour où l'on pleure !
Nous, nous allons chercher des plaisirs sans chagrin !

LE CHŒUR.

Allons ! que les gondoles fendent
Les flots étoilés du canal !
Les danses là-bas nous attendent !
Fêtons, fêtons le carnaval !

PREMIER ORFÉVRE.

Déjà voyez au loin la ville étincelante

Appelant un gondolier.

Holà!... vite une barque!... et surtout la moins lente!...

MARCO, dans la coulisse.

Dans ma gondole entrez, amants!
L'air est calme et la mer est lisse;
C'est l'heure où sur les flots dormants
Le désir tendre au cœur se glisse!...

Marco paraît sur sa gondole.

Venez, venez, beau cavalier!
Je suis Marco le batelier!
Celui qui mène à l'amoureuse
     Son amoureux;
Sur l'onde en chantant je leur creuse
     Un nid pour deux!

La gondole aborde; Marco met pied à terre.

La lune aux yeux semble verser
Sa flamme transparente et molle;
L'ombre conseille un long baiser
Sous les rideaux de ma gondole;
Le vieux Marco va sur les eaux
Tendre ses perfides réseaux!...
Gare à ceux qu'il prend sur la rive!...
     C'en est fait d'eux!
On part tout seul, mais on n'arrive
     Que deux par deux!...

PREMIER ORFÉVRE.

Embarquons-nous!

DEUXIÈME ORFÈVRE.

Pietro, ne nous suivras-tu pas ?

PIETRO.

Non ! je reste !...

DEUXIÈME ORFÈVRE.

Insensé !... peut-être elle est là-bas !...

LE CHŒUR.

Que de masques déjà descendent
Au seuil resplendissant du bal
Où nos maîtresses nous attendent !...
Vive, vive le carnaval !...

Les orfèvres s'éloignent, les uns en gondole, les autres par le pont qui est au fond du théâtre. Pietro reste seul en scène.

SCÈNE II

PIETRO, puis BIANCA

PIETRO.

Ils sont loin !... je suis libre, et leur gaîté m'oublie !
Loin de moi pour jamais leur joyeuse folie !
Ils vont à leurs plaisirs !... mais je vais à mon tour
Avoir ma douce part d'allégresse et d'amour !

La petite porte du palais s'ouvre ; Bianca paraît.

J'entends Bianca !...

BIANCA, courant à Pietro, en laissant la porte entr'ouverte
derrière elle.

Pietro !... J'avais peur qu'à leur suite
Tu ne dusses partir et m'oublier ici !

PIETRO.

Non!... mon âme n'est plus que par tes yeux séduite !
Qu'importe un vain plaisir?... je n'en ai pas souci !...

Que leur fête au loin les convie !
La nôtre est de nous réunir !
Leur puis-je encor porter envie
Quand la maîtresse de ma vie
Jusques à moi daigne venir?...

BIANCA.

Aux plaisirs bruyants je préfère
Comme toi les ombres du soir,
Pourvu qu'une étoile m'éclaire,
Seulement assez pour te plaire,
Seulement assez pour te voir !

PIETRO.

Que je désire
La fin du jour !
Je ne respire
Qu'à ton retour !

BIANCA.

Et moi, je pleure
Et ne voudrais
Vivre qu'à l'heure
Où tu parais!

PIETRO.

Évoquant ton ombre en mon rêve,
Loin de toi j'accuse le temps !...
Jusqu'au moment où la lune se lève,
J'attends, j'attends !...

BIANCA.

Dès que le soir enfin rassemble
Nos cœurs enivrés et ravis,
Dans un transport de bonheur il me semble
Que je revis !...

ENSEMBLE.

Sitôt qu'on se retrouve, il semble
Que par le sommeil engourdis,
Loin de la terre on se réveille ensemble
Au paradis !...

PIETRO.

Tu frissonnes ?..

BIANCA.

J'entends...

PIETRO.

Quoi donc ?...

BIANCA.

Un bruit de pas !
Éloignons-nous !... Qu'ensemble on ne nous trouve pas !...

PIETRO.

Entrons dans ma demeure; — amie, elle est la tienne.

BIANCA.

Allons ! ne tardons pas !... j'ai grand'peur qu'on ne vienne !

Pietro introduit Bianca dans sa maison et y entre après elle. — Le Duc et
Mandragone paraissent sur le pont, au fond de la scène. Ils sont mas-
qués.

SCÈNE III

LE DUC, MANDRAGONE

LE DUC, descendant en scène, et ôtant son masque.

Viens !... Les femmes ce soir ne se peuvent cacher !
Plus d'une est belle, et la nuit éclatante
Est propice pour la chercher !

MANDRAGONE, se démasquant.

Moi, Monseigneur, la nuit me tente,
Mais surtout pour m'aller coucher !

LE DUC, remontant en scène en riant.

Eh bien ! réveille-toi !...

MANDRAGONE, avisant la porte entr'ouverte du palais Capello.

Quel bourgeois sans cervelle
Laisse sa porte ouverte à tout venant,
Coupeur de bourse...

Désignant le Duc.

Ou coureur de ruelle ?
Une bonne action, par mégarde, en passant !...

Il ferme la porte.

Là !... dors en paix !... J'en ferais bien autant !

LE DUC, revenant à Mandragone.

Tu dis ?...

MANDRAGONE.

Qu'il faut songer à regagner Florence
Où pour vous, comme ici, les choses vont fort mal !...

LE DUC.

Vivons joyeux !... Le reste est de mince importance !

MANDRAGONE.

A moins que vos sujets d'un vieux sceptre ducal
        Ne s'avisent de faire
Un beau hochet tout neuf !...

LE DUC.

Pour qui ?...

MANDRAGONE.

Pour votre frère !
        N'étend-il pas son bras de cardinal
De Venise à Florence et de Florence à Rome ?...

LE DUC.

Tu perds l'esprit !...

MANDRAGONE.

D'accord !
        Je voulais dire en somme
Qu'un peuple qui se croit malheureux... bien à tort...
Se mutine parfois...

LE DUC.

Ah ! que la nuit est belle !...
        Les brises du printemps
M'enivrent de leur souffle embaumé !... j'ai vingt ans !...
Une femme !... une femme !... et charmante !...

MANDRAGONE.

Et nouvelle !...
        L'amour d'hier est bien vite importun !

LE DUC.

Quand la rose est fanée, a-t-elle son parfum ?...

1

Des belles les plus parfaites
Le pouvoir s'arrête là !...
Le diable qui les a faites,
　Le diable veut cela !
Et le pourquoi, tu t'en doutes !
Si mon cœur toujours vola,
C'est pour mieux les aimer toutes !...
　Le diable veut cela !...

MANDRAGONE, riant.

Oui, le diable s'en mêle
Dans l'intérêt commun !...

LE DUC.

Plus d'une qu'on adore en aimera plus d'un !
Tôt ou tard trompé par elle,
Prends l'avance et trompe-la !
Le diable qui la fit belle
　Le diable veut cela !
Comme un buveur peu sévère,
Quand la soif m'ensorcela,
J'ai toujours changé de verre !...
　Le diable veut cela !...

MANDRAGONE, regardant autour de lui.

De galant gibier, point !...

LE DUC.

　　　　　Ailleurs cherchons fortune !...

MANDRAGONE.

Heureusement j'en sais plus d'une
Prompte à s'humaniser.
　　　　　　　　　　Prêtant l'oreille.

Mais chut!... qui nous vient là?...

La porte de la maison de Pietro s'ouvre; le duc et Mandragone remettent
leurs masques et se cachent à droite dans l'ombre, Bianca paraît, suivie de
Pietro.

SCÈNE IV

LES MÊMES, BIANCA, PIETRO.

BIANCA.

L'aube va naître et nous oblige
A nous séparer; va, te dis-je!...
Vois, nul danger sur mon chemin!

PIETRO.

Adieu, ma bien-aimée!

BIANCA.

A demain!

PIETRO.

A demain!

Pietro rentre chez lui. Bianca regarde autour d'elle, et se dirige vers la
porte du palais. Elle recule devant le Duc et Mandragone qui sortent
tout à coup de l'ombre.

SCÈNE V

LE DUC, MANDRAGONE, BIANCA.

LE DUC.

Pour qui seule se promène
De dangers Venise est pleine!...

Belle dame, souffrez qu'on vous parle un moment !

BIANCA, voulant s'échapper.

Laissez-moi !

MANDRAGONE, l'arrêtant.

Doucement !

LE DUC.

Rassurez-vous, mignonne !...
Nous ne volons personne !...
Que ce beau front rayonne,
Et c'est assez pour nous !
Au gré de notre envie,
Tous les biens de la vie
Ne valent pas, ma mie,
Un seul regard de vous !

BIANCA, suppliante.

Messeigneurs, sur votre âme,
Épargnez une femme !...
Voyez !... je suis à vos genoux !

ENSEMBLE.

LE DUC et MANDRAGONE.

Rassurez-vous, mignonne !
Nous ne volons personne !
Que ce beau front rayonne,
Et c'est assez pour nous !
Au gré de notre envie,
Tous les biens de la vie
Ne valent pas, ma mie,
Un seul baiser de vous !

BIANCA.

Que Dieu me soit clément et me pardonne !

J'ai peur, je frissonne !...
Funeste rendez-vous !
D'un moment de folie,
Ah ! je suis bien punie !...

Au Duc et à Mandragone.

Voyez !... je vous supplie,
Et suis à vos genoux !

Le Duc enlace familièrement la taille de Bianca et cherche à l'embrasser.

BIANCA, *se dégageant de l'étreinte du Duc, avec effroi.*

Mais de moi que voulez-vous donc ?

MANDRAGONE.

Un orgueil moins sauvage !

LE DUC.

Un seul baiser pour gage !

MANDRAGONE.

De là ne prenez pas ombrage !...

LE DUC.

Nous réclamons ce doux servage...

MANDRAGONE.

Qu'un autre laisse à l'abandon !

BIANCA, *à part.*

Si j'étais entendue !...
Angoisse qui me tue !...

S'échappant des mains du Duc et de Mandragone et courant à la porte du palais qu'elle cherche vainement à ouvrir.

Fermée !... elle est fermée !...

LE DUC ET MANDRAGONE, riant.

Ah ! ah !...

BIANCA.

Je suis perdue !...

MANDRAGONE, avisant le nom gravé au-dessus de la porte, à part.

Pour moi quelle clarté !...
Son désespoir !... ce nom qui vient frapper ma vue !...
Est-ce cette Bianca dont la fière beauté ?...

A Bianca avec ironie.

On peut heurter si fort...

BIANCA, vivement.

Non !... par pitié !...

LE DUC.

La belle
Était donc attendue en ce logis ?...

BIANCA, avec égarement.

Non !... non !...
Je n'y connais personne !...

MANDRAGONE, à part.

C'est bien elle !...
Voilà le prix de ma bonne action !...

LE DUC.

Finissons, ma déesse !...
Jupiter, mon aïeul, gentilhomme accompli,
Enlevait sans vergogne !...

Prenant Bianca dans ses bras.

Et moi, que l'heure presse,
Je ne puis faire moins que lui !

BIANCA, se débattant.

Misérables! ô rage!...
A mon aide, Pietro!... c'est moi que l'on outrage !

Pietro se précipite en scène; Bianca se dégage de l'étreinte du Duc
et se réfugie dans les bras de Pietro.

SCÈNE VI

LES MÊMES, PIETRO.

ENSEMBLE.

PIETRO.

Je suis là pour vous protéger,
Et, je le jure sur mon âme,
Tant que ce cœur battra, Madame,
Vous ne courrez aucun danger !

BIANCA, à demi-voix.

Pietro, dans cet affreux danger
Reste bien maître de ton âme !
Rappelle-toi quelle est la femme,
La femme que tu veux venger !

LE DUC.

Celui qui vient la protéger
N'est qu'un artisan, sur mon âme !
Mais pour conquérir une femme
Il est permis de déroger.

MANDRAGONE.

Son amant vient la protéger;
Mais à bon droit je le proclame,

La vertu de la chaste dame
Ne court plus le moindre danger !

PIETRO.

Au large !...

LE DUC, railleur, et dégainant.

Où donc est votre épée ?...

PIETRO.

Qu'importe ?... Avant de parler en vainqueur,
Il faut que de mon sang la vôtre soit trempée !...

Faisant un pas vers le Duc.

Frappez !... voici mon cœur !...

LE DUC, à Mandragone.

Donne la tienne, ami, puisqu'il veut qu'on le tue !...

MANDRAGONE, bas.

Laissons-le vivre !... Évitons tout éclat !
Où l'adresse suffit l'épée est mal venue.

LE DUC, de même.

Mais la belle pourtant...

MANDRAGONE, de même.

Vous l'aurez sans combat.

PIETRO, menaçant.

Qu'attendez-vous ?...

BIANCA, suppliante, à demi-voix,

Pietro !...
Par mon amour !... par ta tendresse !...

MANDRAGONE, bas, au Duc.

Cette très grande dame est Bianca Capello,
Bianca Capello, sa maîtresse !...
Dans ma main je tiens son honneur !

LE DUC, remettant l'épée au fourreau, à demi-voix.

Je comprends !...

A Pietro, d'un air de défi.

Au revoir !...

Il fait signe à Mandragone de le suivre.

MANDRAGONE, humblement.

Je vous suis, monseigneur

Le Duc et Mandragone s'éloignent par la petite ruelle à gauche.

SCÈNE VII

PIETRO, BIANCA.

BIANCA.

O terreur qui me glace !...
Qu'ont-ils dit à voix basse ?...

PIETRO.

Sais-tu si l'un d'eux te connaît ?...
Ont-ils surpris notre secret ?...

BIANCA.

Dieu !...

PIETRO.

Calme-toi, ma bien-aimée !...

BIANCA.

Et cette porte... vois !... cette porte fermée...
Elle m'accuse !...

PIETRO.

O ciel !...

BIANCA.

Jour doublement fatal !...
Je sens planer sur nous un génie infernal !
Que devenir ?... que faire ?...

PIETRO.

Nous jeter suppliants aux genoux de ton père !...

BIANCA.

Dieu pourra pardonner, lui, jamais !... c'en est fait !
Oui, j'ai dicté moi-même mon arrêt !...
Je ne franchirai plus le seuil de ma demeure !...

PIETRO.

Il faut fuir, et sur l'heure !...
Écoute !... je n'ai plus au monde qu'un ami !...
Il habite Florence; allons tous deux vers lui !

BIANCA.

Je tremble !...

PIETRO.

Que ton cœur sur le mien se repose !
Suis-moi ! j'accomplirai
Le devoir sacré
Que l'amour m'impose !
Ton honneur est le mien !
Oui, pour jamais, je t'appartien !

DIANCA.

Je te confie
Toute ma vie !

PIETRO.

Va !... ne redoute rien !

ENSEMBLE.

PIETRO.

Suis-moi ! j'accomplirai
Le devoir sacré
Que l'amour m'impose !
Ton honneur est le mien !
Oui, pour jamais, je t'appartien !

DIANCA.

Pietro, je te suivrai !
Ce devoir sacré
L'amour me l'impose !
Sois mon dernier soutien !
Oui, pour jamais, je t'appartien !

Les fenêtres du palais Capello s'éclairent.

BIANCA.

O terreur !... ces flambeaux !... on me cherche !...

PIETRO.

La fuite

Est notre seul espoir ; n'attendons pas le jour !

DIANCA.

La honte !...

PIETRO, cherchant à l'entraîner.

Le bonheur !...

BIANCA.

Mon père!...

PIETRO.

Mon amour!...

BIANCA.

Le péril est partout!

PIETRO.

Viens!... viens!...

BIANCA.

Je suis maudite!...

Pietro entraîne Bianca et traverse le pont avec elle; le jour commence à naître; la toile tombe.

ACTE DEUXIÈME

Chez Mateo, à Florence. — Intérieur d'une forge, se prolongeant au fond à gauche, dans un large enfoncement. — Cet enfoncement est éclairé à droite par une fenêtre et s'ouvre à gauche sur la rue par une porte de sortie. — A droite, dans un pan coupé, une autre porte de sortie donnant sur la rue. — Portes latérales sur le premier plan. — On arrive à celle de gauche par un perron de quelques marches. — Près de la porte de droite une madone adossée à la muraille. — Çà et là des trophées d'armes.

SCÈNE PREMIERE

MATEO, JUANITA, Ouvriers Armuriers.

La forge est en plein travail. Juanita est assise à droite, devant son rouet, et file.

INTRODUCTION.

LE CHŒUR.

La forge s'allume;
Frappons sur l'enclume;
Qu'un ardent éclair
Jaillisse du fer!

MATEO.

Le fer et l'or sont faits pour l'homme;
Quand l'or s'appelle iniquité,
Le fer vengeur se nomme
Justice et liberté!

MATEO et LE CHŒUR.

La forge s'allume ;
Frappons sur l'enclume ;
Qu'un ardent éclair
Jaillisse du fer !

JUANITA, qui s'est levée pendant le chœur et s'est élancée avec
égarement au milieu des ouvriers.

Ah ! pourquoi forger des épées ?
Est-ce de sang, hélas !
Qu'elles seront trempées ?...
Dieu même a dit : Point ne tûras !...

MATEO, saisissant la main de Juanita, avec un accent de pitié.

Menace frivole !
Tais-toi, pauvre folle !
Le fer et le feu
Travaillent pour Dieu !

ENSEMBLE.

MATEO et LE CHŒUR.

La forge s'allume ;
Frappons sur l'enclume !
Qu'un ardent éclair
Jaillisse du fer !

JUANITA, avec désespoir.

Ah ! pourquoi forger des épées ?
Est-ce de sang, hélas !
Qu'elles seront trempées ?
Dieu même a dit : Point ne tûras !

Strozzi paraît au fond, à droite. Juanita vient se rasseoir à son rouet, immobile et prêtant l'oreille. Les ouvriers continuent leur travail au fond du
théâtre.

SCÈNE II

LES MÊMES, STROZZI.

STROZZI.

Mateo!

MATEO.

Monseigneur?...

STROZZI, amenant Mateo sur le devant de la scène.

Es-tu sûr de tes hommes?

MATEO.

Comme de moi-même.

STROZZI.

Nous sommes
Trahis!... notre complot est encore éventé.

MATEO.

Quoi!...

STROZZI.

Pour ne pas livrer le nom de ses complices,
Pazzi, dans un cachot jeté,
S'est soustrait par la mort à l'horreur des supplices!
Pour la seconde fois un délateur maudit,
En dénonçant celui des nôtres
Qui doit frapper le Duc, semble épargner les autres.

MATEO.

Que faire?... je l'avais prédit!...

Trop de jeunes seigneurs mêlés à l'aventure
N'ont pas à venger comme nous
Une mortelle injure!

STROZZI.

Patience! Le Duc tombera sous nos coups!

MATEO, appelant ses ouvriers qui viennent se grouper autour de lui

Enfants!... Pazzi n'est plus!...

LE CHŒUR.

Pazzi!...

MATEO.

La main d'un traître

A livré ce grand cœur aux vengeances du maître!...
Il s'est sacrifié pour le salut de tous!

LE CHŒUR.

Honneur à lui! malheur au traître!...

MATEO.

Notre complot est avorté;
Que chacun reste en sa demeure!
Prévenez nos amis! et quand sonnera l'heure,
Debout, au cri vengeur : Justice et liberté!...

STROZZI, MATEO et LE CHŒUR.

Justice et liberté!...

Les ouvriers sortent par la porte du fond, à gauche. Mateo et Strozzi
remontent la scène pour les reconduire.

SCÈNE III

MATEO, STROZZI, JUANITA, puis MANDRAGONE.

JUANITA, se cachant la tête entre les mains.

Du sang!... toujours du sang!...

STROZZI, qui redescend la scène avec Mateo.

Que dit-elle?

MATEO.

Qu'importe?

Ma sœur peut tout entendre et sa raison est morte!

STROZZI.

Veille sur tes amis; je veille sur les miens.
Adieu!...

Au moment où Strozzi va sortir, Mandragone paraît sur le seuil de la porte
du fond, à droite.

MANDRAGONE.

Salut à vous, Strozzi!...

JUANITA, se levant.

Lui!...

MATEO, à part.

Mandragone!...

MANDRAGONE, s'avançant en souriant.

Fais-je peur?...

MATEO.

Non!... seulement je m'étonne

2

De cet excès d'honneur.

MANDRAGONE.

Sache pourquoi je viens.
Il me faut au plus vite une cotte de maille.

MATEO, railleur.

Oh! oh!... va-t-on livrer bataille?...

MANDRAGONE.

Non!... mais je veux déjouer les desseins
Des traîtres et des assassins!...
Le même poignard nous menace,
Monseigneur et moi!... c'est Pazzi
Qui l'a dit en mourant. — Que Dieu l'ait en sa grâce! —
Qu'en dis-tu, Mateo? qu'en dites-vous, Strozzi?

JUANITA.

Esprits des ténèbres,
Vous avez jeté
Vos ombres funèbres
Sur l'humanité!...
Vous parlez en maîtres,
Esprits corrupteurs!
Les lâches, les traîtres
Sont vos serviteurs!...
Pauvre race humaine,
Tremblante d'effroi,
Le démon te mène!... —

A Mandragone.

Le démon, c'est toi!...

MANDRAGONE, à Mateo en lui montrant Juanita.

Toujours folle?...

MATEO, à part.

Misérable!...

STROZZI, bas, à Mateo.

Patience!...

JUANITA.

Dieu vengeur!...

MANDRAGONE, à Juanita.

Quoi, ma belle?... moi, le diable?...
C'est me faire trop d'honneur!

ENSEMBLE.

JUANITA.	MANDRAGONE, à part.
Pauvre race humaine,	D'une offense vaine
Tremblante d'effroi,	Je ris, sur ma foi!
Le démon te mène!...	J'affronte la haine
A Mandragone.	Qui gronde sur moi!
Le démon, c'est toi!	

MATEO et STROZZI, à part.

Monstre à face humaine
Qui sèmes l'effroi,
Redoute la haine
Qui gronde sur toi!

Juanita s'éloigne de Mandragone avec horreur et se réfugie au fond de la
scène où elle s'assied pour examiner une épée.

MANDRAGONE, à Mateo.

Eh bien!... quand pourras-tu me donner cette armure?...

MATEO.

Cela veut du temps.

MANDRAGONE.

Bien, prends-le!... mais n'attends pas
Que je sois par aventure
Passé de vie à trépas.

A Strozzi.

Vous verra-t-on demain au palais?

STROZZI.

Je l'espère.

MANDRAGONE.

Vous savez qu'on attend le père
De Bianca Capello, cette rare beauté
Dont l'amour paya le salaire
D'un galant trop vite écoulé.

ENSEMBLE.

STROZZI et MATEO, à part.

Courtisan effronté!

JUANITA, à elle-même.

Trahison! lâcheté!

MANDRAGONE.

On les dit tous les deux
Cachés en cette ville,
Espérant, pauvres amoureux,
Y trouver un asile.

STROZZI et MATEO, à part.

Va! notre honneur outragé
D'une âme insolente et servile
Par Dieu bientôt sera vengé!

MANDRAGONE.

Mais Venise, armant la colère
De son noble ambassadeur,
Veut punir, par les mains du père,
Le crime du suborneur !

ENSEMBLE.

STROZZI et MATEO, à part.

Messager de malheur !

JUANITA, à elle-même.

Châtiment !... Dieu vengeur !...

MANDRAGONE, riant.

Oui, sur l'honneur !...

Pietro entre précipitamment en scène.

SCÈNE IV

LES MÊMES, PIETRO.

PIETRO.

Mateo ! Mateo !...

MATEO, lui saisissant le bras, à demi-voix.

Silence !...

MANDRAGONE, à part.

C'est lui !... je ne me trompais pas !
Celle dont jusqu'ici j'avais suivi les pas,

2.

C'est Bianca !... — N'usons pas encor de violence !

Haut, à Strozzi

Venez-vous, Strozzi ?

STROZZI.

Je vous suis.

PIETRO, à voix basse.

Où donc ai-je entendu cette voix ?

MATEO, bas, à Pietro

                              Mandragone,
Le familier du Duc.

MANDRAGONE, en passant près de Juanita

Adieu, mignonne !...

Juanita se redresse et jette l'épée qu'elle tient à la main.

MATEO, avec un geste de colère

Mordieu !...

MANDRAGONE, se retournant.

Lui fais-je outrage en plaignant ses ennuis ?...
Pauvre folle !...

MATEO, à demi-voix.

Misérable !

STROZZI, bas à Mateo

Patience !...

JUANITA.

Dieu vengeur !

MANDRAGONE.

Quoi, ma belle?... moi, le diable?...
C'est me faire trop d'honneur!...

ENSEMBLE

JUANITA	MANDRAGONE, à part.
Pauvre race humaine, Tremblante d'effroi, Le démon te mène!... A Mandragone. Le démon, c'est toi!	D'une offense vaine Je ris, sur ma foi! J'affronte la haine Qui gronde sur moi!

MATEO et STROZZI, à part.	PIETRO, à part.
Monstre à face humaine Qui sèmes l'effroi, Redoute la haine Qui gronde sur toi!	Mémoire incertaine!... Invincible effroi!... Une aveugle haine S'empare de moi!

Juanita gravit rapidement les degrés qui conduisent à la petite porte de
gauche et sort. — Mandragone s'éloigne avec Strozzi par la porte du fond,
à droite — Pietro le suit des yeux.

SCÈNE V

PIETRO, MATEO.

PIETRO.

Oui, je connais cet homme!...

MATEO.

A Venise peut-être

Il s'est rencontré sur tes pas.
Le carnaval a vu le valet et le maître
Emplir vos carrefours de leurs joyeux ébats !...

PIETRO.

Ah !... je me souviens !... c'est l'infâme
Qui n'a pas craint, avec son compagnon,
D'insulter une femme !
Maintenant je connais son nom !...

Tirant une épée qu'il porte au côté.

Maintenant je tiens une épée !...

MATEO, *arrêtant Pietro.*

Arrête !... ta fureur ne sera pas trompée !...

Je me confie à ton honneur !...
Laisse là d'imprudentes armes !
Unis dans les jours de bonheur
Nous serons unis par les larmes !

PIETRO, *remettant son épée au fourreau.*

A toi ma vie et mon honneur !
Tu fus mon frère aux jours d'alarmes !
J'ai pris ma part de ton bonheur ;
Je veux une part de tes larmes !

ENSEMBLE.

MATEO.

Je me confie à ton honneur !

PIETRO.

A toi ma vie et mon honneur !

MATEO, indiquant la porte par où est sortie Juanita.

Cette douce enfant, cette pauvre folle,
Juanita, ma sœur, tu l'as vue, hélas !
De cette douleur que rien ne console
L'amer souvenir ne me quitte pas !
Un crime a livré cette enfant sans tache
Au funeste amour de ce Médicis !
Sa raison n'est plus ! ma honte se cache !
Et l'infâme est là sur son trône assis !...
Mais il a semé partout la vengeance !
Son complice et lui partout sont maudits !
Le ciel pour tous deux eut trop d'indulgence !
Tous deux périront comme des bandits !

PIETRO.

Que dis-tu ?

MATEO.

Dans l'ombre
Qui voile nos plans,
Le châtiment sombre
S'avance à pas lents !...
Vainement le crime
Nous frappe au hasard !...
Sur chaque victime
Il trouve un poignard !
Va, je te le jure,
Ce poignard vainqueur
Lavera l'injure
Du sang de son cœur !

PIETRO.

Ah ! je comprends ta haine et je plains ta douleur

ENSEMBLE.

MATEO.	PIETRO.
Va! je te le jure,	O mortelle injure !
Ce poignard vainqueur	Puisse un bras vengeur
Lavera l'injure	Guérir ta blessure
Du sang de son cœur !	En frappant son cœur !

On entend au loin un appel de trompettes.

RÉCITATIF.

MATEO.

Écoute !...

PIETRO.

Oui, c'est à nous que l'on donne la chasse !...
Capello veut venger son nom patricien !
Il nous poursuit ! il nous menace !
Devant ton malheur j'oubliais le mien !

LA VOIX D'UN CRIEUR PUBLIC, au dehors.

Avis à tous, au nom des juges de la ville !...
Le Sénat de Venise et le conseil des Dix,
D'accord avec le duc François de Médicis,
A qui révélera l'asile
De Bianca Capello, paîront mille écus d'or !...

Nouvel appel de trompettes. — Bianca entre vivement en scène
par la porte du premier plan à droite.

SCÈNE VI

LES MÊMES, BIANCA.

BIANCA, s'élançant vers Pietro.

Pietro !...

PIETRO, la recevant dans ses bras.

Bianca !

BIANCA.

La vengeance
De mon père nous a suivis jusqu'à Florence !
Nous sommes perdus !...

MATEO.

Pas encor !
Ici peut-être on me soupçonne ;
Mais je sais un ami qui vous peut recevoir ;
Il habite Vérone ;
Vous partirez ce soir !

PIETRO, lui serrant la main.

Mon frère !..

A Bianca.

Hélas ! reprends courage !
De meilleurs jours viendront !
Que ce triste nuage
S'efface de ton front !

BIANCA.

Ami, j'ai du courage !
Je ne crains que l'affront ;
Je frémis sous l'outrage
Qui fait rougir mon front

MATEO.

Laissez passer l'orage !
Les beaux jours reviendront !
Vous pouvez sous l'outrage
Lever encor le front !

BIANCA, à Pietro.

Souviens-toi ! Devant ma fenêtre
Tu passais chaque jour, vers moi levant les yeux :
Mon père vint à te connaître
En cherchant pour sa fille un collier précieux.
Tu franchis notre seuil. — Qui peut dire la flamme
Dont un amour soudain envahit toute l'âme !...
Sans t'avoir dit que je t'aimais,
Sans me l'être dit à moi-même,
Mon cœur fut à toi pour jamais !...
Je ne m'en repens pas !... mais de celui que j'aime
Je veux porter le nom fièrement devant tous !...
Je veux mettre du Ciel la puissance suprême
Entre mon père et mon époux !...

PIETRO.

Ordonne et j'obéis !...

BIANCA.

Dès ce soir je veux être
Ta femme devant Dieu !

PIETRO.

Qui nous répond du prêtre?

MATEO.

Moi! — C'est au vieux couvent, chez les frères Mineurs;
Viens le trouver!... — A la nuit sombre,
Devant le Dieu vivant il unira vos cœurs!
Les chevaux seront prêts, et vous fuirez dans l'ombre!...

PIETRO, à Bianca.

Adieu donc! plus d'effroi!

BIANCA.

Cher Pietro, hâte-toi!

MATEO.

A bientôt, sur ma foi!

ENSEMBLE.

PIETRO.

Hélas! reprends courage!
De meilleurs jours viendront!
Que ce triste nuage
S'efface de ton front!
Hélas! reprends courage!
De meilleurs jours viendront.

BIANCA.

Ami, j'ai du courage!
Je ne crains que l'affront!
Je frémis sous l'outrage
Qui fait rougir mon front!

3

Ami, j'ai du courage !
Je ne crains que l'affront !

MATEO.

Laissez passer l'orage !
Les beaux jours reviendront !
Vous pouvez sous l'outrage
Lever encor le front !...
Laissez passer l'orage
Les beaux jours reviendront !

Pietro s'éloigne avec Mateo par la porte du fond, à droite.

SCÈNE VII

BIANCA, seule.

De noirs pressentiments j'ai l'âme tourmentée !...
Quand une fois, au gré de coupables amours,
La bonne voie est désertée,
Il semble que du ciel la justice irritée
La ferme à vos pas pour toujours !

Elle s'agenouille devant la madone.

O madone sainte,
Écoute ma plainte,
Exauce mes vœux !
Vierge tutélaire,
T'aimer et te plaire
Est ce que je veux !

Madone,
Je suis à toi!
Pardonne,
Pardonne-moi!

En quittant ta voie,
J'ai perdu ma joie;
L'ombre est sur mes yeux;
Que ton doux sourire
Sur moi fasse luire
Un rayon des cieux!
Madone,
Je suis à toi!
Pardonne,
Pardonne-moi!

Elle reste à genoux, absorbée dans sa prière. Mandragone entre avec précaution par la porte du fond à droite. — La nuit commence à tomber.

SCÈNE VIII

BIANCA, MANDRAGONE, puis JUANITA

MANDRAGONE, s'arrêtant sur le seuil.

Ils se sont éloignés!... Elle est seule!... c'est elle!...
La pécheresse est à genoux!
Allons!...

S'avançant vers Bianca.

O noble demoiselle!...

BIANCA, se relevant.

Grand Dieu!...

MANDRAGONE, s'inclinant.

Priez pour nous!

BIANCA.

Je ne vous connais pas, seigneur!...

MANDRAGONE.

Moi, sur mon âme,
Je vous connais!... Des rives de l'Arno
Jusqu'à Venise un peuple entier, Madame,
Connaît les traits charmants de Bianca Capello!

BIANCA.

Ciel!...

MANDRAGONE.

Calmez-vous, de grâce!
Le duc de Florence a permis
Que d'une fugitive on recherchât la trace;
Mais il n'est pas avec ses ennemis!

Juanita paraît sur le seuil de la porte du premier plan, à gauche, et s'arrête
pour écouter Mandragone.

Vous sauver lui sera facile!
Je viens, à son commandement,
Dans son propre palais vous offrir un asile.
Le duc ne prétend rien que vous servir...

JUANITA, sur le perron, avec énergie.

Il ment!...

MANDRAGONE, à part.

Le diable soit de la folle!...

JUANITA, descendant les degrés et venant à Bianca.

Tu peux croire à ma parole!...
Il ment!... Il ment!...

Comme toi dans un piège
Il voulut m'attirer!... Il entraîna mes pas!...

Cherchant à rassembler ses souvenirs.

Où suis-je?... Au vieux palais!... Le Duc...

Avec douleur.

Dieu le protège!...

Avec effroi.

Non!... non!... je ne me souviens pas!

En pleurant.

Hélas! il oublie
Mes pleurs!...
Et de ma folie
Je meurs!...

BIANCA.

Que dis-tu, pauvre fille?... achève!...

MANDRAGONE.

Aux vains fantômes de son rêve
Ajoutez-vous plus de foi qu'à l'honneur
De mon maître et seigneur?

JUANITA, à Bianca.

Ah ! c'est donc toi qu'il aime à présent !... Malheureuse !
Je te dis qu'après moi
Tu suivras en pleurant la pente douloureuse
Des jours pleins de honte et d'effroi !

ENSEMBLE.

JUANITA	BIANCA
Hélas ! il oublie	Oui... ton maître oublie
Mes pleurs !	Tes pleurs,
Et de ma folie	Et de ta folie
Je meurs !...	Tu meurs !

MANDRAGONE, riant.

Parce qu'on oublie
Tes pleurs,
Risible folie,
Tu meurs !...

Juanita va s'asseoir à son rouet et semble étrangère à ce qui suit.

BIANCA, à Juanita.

Va, je t'ai devinée !...

Se retournant vers Mandragone.

Et je comprends l'outrage
Qu'on cherche à déguiser sous un masque imposteur !...
Osez donc tout me dire !...

MANDRAGONE, avec galanterie.

En un plus doux langage
Le Duc vous eût ouvert son cœur ;
Oui, Madame !... depuis qu'une étrange aventure
Vous jeta sur ses pas...

BIANCA.

Qui?... moi?...

MANDRAGONE.

Souvenez-vous
De ces deux inconnus qui dans la nuit obscure
Contemplèrent vos yeux si doux!...

BIANCA.

C'était lui!... c'était vous!...

MANDRAGONE.

Mon maître en garde dans l'âme
Un inguérissable amour,
Et rien n'éteindra la flamme
Dont il brûle nuit et jour;
Dites un seul mot, Madame,
Et vous serez la reine de sa cour!...

BIANCA.

Grand Dieu!... Suis-je à ce point avilie et perdue
Que de mon malheur même on s'arme contre moi,...
Et qu'au nom de ma honte on me fasse la loi!...
Oui, cette injure m'était due!

MAUDRAGONE.

Mais, Madame...

BIANCA.

Allez dire à ce cœur généreux
Que je conserve encor la fierté de ma race;
Que je n'achèterai mon salut ni ma grâce
Des mépris d'un prince amoureux!...

MANDRAGONE.

Prenez garde!...

BIANCA.

Osez-vous me menacer en face ?

JUANITA, filant.

Courez, mes doigts, sur le fuseau !...
Courez, courez !... — Un chasseur passe !...
Courez, mes doigts, sur le fuseau !
Courez, courez !... — Un pauvre oiseau
    Fuit dans l'espace !... —
Courez, mes doigts !... — Le chasseur passe !...
Que Dieu garde le pauvre oiseau !... —
Courez mes doigts sur le fuseau !...

Pendant la chanson de Juanita, Bianca et Mandragone chantent, à mot entrecoupés, l'ensemble suivant.

ENSEMBLE.

BIANCA	MANDRAGONE
C'est trop d'audace !...	C'est trop d'audace !...
Connais la race	Vaine menace !...
Des Capello !...	Faible roseau !...
Lâche menace !...	Le chasseur passe,
A moi !... Pietro !...	Et prend l'oiseau !...

Mandragone barre le passage à Bianca qui veut fuir et appelle.

MANDRAGONE.

A moi !...

BIANCA.

Pietro !...

Des sbires entrent par les deux portes du fond et envahissent la scène.

MANDRAGONE, leur faisant signe de s'emparer de Bianca et de l'entraîner par la porte du fond à gauche.

                         Par cette porte !...

Au vieux palais !... Allez !...

BIANCA, se débattant.

Lâche!...

MANDRAGONE, riant.

Autant en emporte
Le vent!...

Une partie des sbires entraînent Bianca; les autres restent en scène.

SCÈNE IX

MANDRAGONE, JUANITA, Sbires, puis PIETRO et MATEO

La voix, de Pietro dans la coulisse.

Bianca!...

MANDRAGONE.

Quels sont ces cris!...

Pietro se précipite en scène suivi de Mateo, par la porte du fond à droite.

PIETRO.

Bianca!...

MANDRAGONE, railleur.

Trop tard!...

PIETRO.

Malheur sur moi!...

MANDRAGONE.

Nous avons pris
Notre revanche!...

PIETRO, mettan[t l'ép]ée à la main et s'élançant sur Mandragone.

Meurs, traître!...

3.

MANDRAGONE.

                        Qu'on le saisisse !...

Les sbires ont arrêté le mouvement de Pietro et le désarment.

Un bon cachot nous répondra de lui !...

                                    A Matéo.

Je devrais t'arrêter, toi, comme son complice;
    Mais je suis bon prince aujourd'hui !

        PIETRO, entre les mains des Sbires.

Misérable !...

            MANDRAGONE.

            Je fais justice !...

        JUANITA, toujours filant.

Courez, mes doigts, sur le fuseau !...
Courez, courez !... — flèche mortelle !... —
Courez, mes doigts, sur le fuseau
Courez, courez !... — Du pauvre oiseau
    Tu frappes l'aile !... —
Courez, mes doigts !... — flèche mortelle !...
A mes pieds meurt le pauvre oiseau !
Courez, mes doigts, sur le fuseau !...

L'ensemble suivant se chante, comme le précédent, sur la chanson de Juanita

            ENSEMBLE.

MANDRAGONE et LE CHŒUR   MATÉO, à part.
    DES SBIRES
                                Haine mortelle !...
    Son cœur fidèle   Fureur nouvelle !...
    En vain t'appelle,   Enfer nouveau !...
    Beau damoiseau !   Honte éternelle
    A nous la belle !...   A son bourreau !
    A nous l'oiseau !...

PIETRO, avec désespoir.

Bianca m'appelle!...
Douleur nouvelle!
Enfer nouveau!
Haine mortelle
A son bourreau!...

Les sbires, sur un signe de Mandragone, entraînent Pietro. — Mandragone les suit, après avoir regardé Mateo d'un air de défi. — Juanita continue à filer. — La toile tombe.

ACTE TROISIÈME

Une salle illuminée pour une fête dans le palais des Médicis. — Arcades garnies de draperies, et donnant sur une galerie qui occupe le fond de la scène. — A gauche, un double trône.

SCÈNE PREMIÈRE

JEUNES SEIGNEURS, puis MANDRAGONE.

La galerie du fond est occupée par des groupes d'hommes et de femmes; les jeunes seigneurs sont sur le devant de la scène; tout le monde est en costume de bal, le masque à la main.

CHŒUR DES JEUNES SEIGNEURS.

Loin de nous les soins moroses!
Tout sourit à nos désirs!
Sous nos pas semons les roses!
Ouvrons nos cœurs aux plaisirs!

Nuit de fête! nuit d'ivresse!
Épuisons jusqu'au matin
La coupe enchanteresse
Que nous tend le Destin!

Loin de nous les soins moroses!
Tout sourit à nos désirs!
Sous nos pas semons les roses!
Ouvrons nos cœurs aux plaisirs!

Mandragone entre en scène; les jeunes seigneurs s'empressent autour de lui.

Eh bien! Mandragone, la belle
Daignera-t-elle
Éclairer de ses yeux
Nos fronts joyeux ?

MANDRAGONE.

Amis, en doutiez-vous ?... quelle fière inhumaine
Assombrit sa beauté d'éternelles douleurs ?..
Il suffit de huit jours pour essuyer ses pleurs,
Et Jupiter a le pardon d'Alcmène !

LE CHŒUR.

Vive Médicis !... Sur ma foi,
Il s'entend à dompter une âme!.. —
Et l'amant ?... Le Pietro ?...

MANDRAGONE.

Pour complaire à la dame
L'oiseleur a lâché l'oiseau... bien malgré moi !
Son supplice du moins eût satisfait Venise.

LE CHŒUR.

Que dira-t-elle de ceci ?

MANDRAGONE.

Bah ! que voulez-vous qu'elle dise ?
C'est là notre moindre souci !
Vous verrez Capello lui-même,
Qui venait lancer l'anathème
Sur un vil suborneur,
Oubliant les rigueurs du père de famille,
Saluer de sa fille
L'auguste déshonneur !

On voit paraître Strozzi au fond du théâtre ; Mandragone l'aperçoit
et le montre aux jeunes seigneurs.

Tenez ! voilà Strozzi, son hôte,
Dont pareille aventure aurait dû contre nous
Armer l'implacable courroux !...
Sa fille est au couvent ; lui se croirait en faute
S'il manquait un seul jour
A nous faire sa cour !

Strozzi descend en scène ; Mandragone va au-devant de lui.

Seigneur Strozzi, que Dieu vous garde ! —
Votre ami Capello viendra-t-il ?...

STROZZI, grave.

Il viendra !

MANDRAGONE, se retournant vers les jeunes seigneurs.

Eh bien ! l'avais-je dit ?... (On rit).

STROZZI, à part.

Riez !.. Dieu vous regarde !...
Et bientôt il nous vengera !

se tient à l'écart.

MANDRAGONE.

L'heure passe !
Le temps fuit !
Tout s'efface
Dans la nuit !
Le vrai sage
Doit saisir
Au passage
Le plaisir !

Gloire éphémère,
Honneur jaloux,

Vaine chimère
Qu'on laisse aux fous.
Orgueil fantasque,
Jette le masque,
Ris avec nous!...

MANDRAGONE et LE CHŒUR.

L'heure passe !
Le temps fuit !
Tout s'efface
Dans la nuit !
Le vrai sage
Doit saisir
Au passage
Le plaisir !

MANDRAGONE.

Beautés en larmes,
Faites l'aveu
Que vos alarmes
Ne sont qu'un jeu !
Il faut vous taire,
Et sur la terre
Il n'est qu'un Dieu !

MANDRAGONE et LE CHŒUR.

L'heure passe !
Le temps fuit !
Tout s'efface
Dans la nuit !
Le vrai sage
Doit saisir
Au passage
Le plaisir !...

Le Duc paraît dans la galerie du fond, conduisant par la main Bianca
magnifiquement parée ; on le salue respectueusement au passage.

MANDRAGONE, aux jeunes seigneurs.

Messieurs, voici le Duc avec la favorite.

LE CHŒUR, à demi-voix.

Beauté du ciel!.. Elle mérite
Sa renommée!...

STROZZI, à part.

Orgueil étrange et souverain!
Elle porte sa honte avec un front d'airain!...

*Le Duc descend en scène avec Bianca; les groupes du fond se rapprochent,
mais sans descendre sur le devant du théâtre.*

SCÈNE II

LES MÊMES, LE DUC, BIANCA.

LE DUC.

Bonjour, Strozzi!... Bonjour, Messieurs!

*Bianca s'arrête, immobile et le regard fixe. — Après un moment de silence
et d'embarras, le Duc fait un signe à Mandragone.*

MANDRAGONE, aux jeunes seigneurs à demi-voix.

Quittons la place !
Le marbre enfin s'animera !
L'amour nous chasse ;
Le plaisir nous rappellera !

LE CHŒUR, à demi-voix.

L'amour nous chasse ;
Le plaisir nous rappellera !...

*Tout le monde se retire dans la galerie du fond; les rideaux se ferment ;
le Duc et Bianca restent seuls en scène.*

SCÈNE III

LE DUC, BIANCA.

LE DUC.

Bianca ! votre silence implacable me tue ;
Faut-il, esclave couronné,
Me traîner à vos pieds, ô rigide statue ?...
Ne m'avez-vous pas pardonné ?...

BIANCA, avec une froideur glaciale.

Je vous ai pardonné. — Je n'ai plus de colère.
Pour vous j'ai trahi mon honneur ;
J'ai pris ces vêtements de fête pour vous plaire !
Que voulez-vous de plus, Seigneur ?..

LE DUC, avec passion.

Ce que je veux ?... ton cœur !... ton âme !... —
Oui, ce n'est plus assez de ta fière beauté
Pour l'amour emporté
Qui me consume de sa flamme !...

Accablé de ton courroux,
Je supplie !
Le coupable à tes genoux
S'humilie !
Ce n'est plus un vain désir
Qui me touche !
Je mourrais pour un soupir
De ta bouche !

Très tendrement.

O regard vainqueur,
O beauté suprême,
Mon cher cœur,
Je vous aime !...

J'ai subi la volonté
Souveraine !
Enchaîne ma liberté,
Parle en reine !
Ce qu'on voudra m'imposer,
Qu'on l'ordonne !...
J'offrirai pour un baiser
Ma couronne !

Mettant un genou en terre devant Bianca.

O regard vainqueur,
O beauté suprême,
Mon cher cœur,
Je vous aime !...

BIANCA, *regardant le Duc avec ironie.*

Je vous sais gré, Seigneur, de cet excès d'amour
Qui me promet au moins l'éternité d'un jour !

LE DUC, *se relevant, avec dépit.*

Bianca !...

BIANCA.

N'avez-vous pas, en vos folles ivresses,
Fait les mêmes serments à toutes vos maîtresses ?...

LE DUC.

Non, sur l'honneur !... Pourquoi
Les comparer à toi ?

BIANCA.

Je les plains!... — Mais je veux croire à votre parole.
Vous exaucerez tous mes vœux?

LE DUC.

Je le jure!...

BIANCA.

Le cloître est donc ce que je veux.

LE DUC.

Le cloître!...

BIANCA, avec un sourire moqueur.

Eh! quoi! déjà votre serment s'envole?...
J'y rejoindrai la fille de Strozzi!

LE DUC.

Ah! vous me raillez sans merci!
Vous abusez d'une âme à se livrer trop prompte!
Cruelle! pour payer mon amour d'un tel prix,
Pour m'écraser de vos mépris,
Quel fantôme inconnu plane entre nous?...

BIANCA.

Ma honte!...

Le stigmate infamant d'un éternel affront!...
La tache ineffaçable imprimée à mon front!...

LE DUC, légèrement railleur.

Vous ai-je prise à votre père?...

BIANCA, vivement.

J'élevais jusqu'à moi, par un choix volontaire,
Mon amant, mon époux!...
Vos royales faveurs m'abaissent jusqu'à vous!

ENSEMBLE.

BIANCA.

Libre, sous la tempête
J'ai fièrement
Levé la tête
Près d'un amant !
Vulgaire courtisane,
L'arrêt vengeur
Qui me condamme
Me frappe au cœur !

LE DUC.

Brave encor la tempête,
Et fièrement
Lève la tête
Près d'un amant !
Sur toi mon amour plane !
L'arrêt vengeur
Qui te condamne
Me blesse au cœur !

LE DUC.

Est-ce votre souci?... Sur mon honneur, Madame,
On ne raillera pas l'amour de Médicis !

BIANCA.

Le trône où vous êtes assis
Devant mon père et Dieu me rend-il moins infâme?
Pour me redemander à cet amour jaloux
Mon père va venir. — Que lui répondrez-vous?

LE DUC.

Fiez-vous à mon cœur!... D'une seule parole
Je prétends apaiser sa colère frivole

Et voir s'humilier Venise à vos genoux !...

BIANCA, feignant la surprise.

Je ne vous comprends pas...

LE DUC.

Daignez encore attendre !
Bientôt je me ferai comprendre !
Jusque-là seulement que vos regards plus doux
A mes projets veuillent souscrire ;
Et, sans m'avoir compris, payez-moi d'un sourire !

BIANCA, regardant le Duc en souriant.

Soit !...

LE DUC, lui baisant la main.

O bonheur du ciel !

BIANCA.

Des mépris insultants
Gardez-moi, Monseigneur !... C'est tout ce que j'attends !

ENSEMBLE.

LE DUC.

Va ! tu peux m'en croire,
Relève ton front superbe et vainqueur !
Jaloux de ta gloire
Je te garderai du mépris moqueur.

BIANCA.

Je veux vous en croire,
Ce cruel souci déchirait mon cœur ;
Jaloux de ma gloire
Vous me garderez du mépris moqueur.

Le Duc frappe sur un timbre ; Mandragone paraît.

SCÈNE IV

LES MÊMES, MANDRAGONE, puis STROZZI,
SEIGNEURS ET DAMES.

LE DUC.

Mandragone, voici l'heure
Du plaisir !... Soyons heureux !
Que tout respire en ma demeure
L'ivresse d'un cœur amoureux !

Mandragone regagne le fond du théâtre. Les rideaux s'écartent ; Strozzi et toute la cour descendent en scène ; le Duc et Bianca prennent place sur les deux trônes.

CHŒUR GÉNÉRAL.

Loin de nous les soins moroses !
Tout sourit à nos désirs !
Sous nos pas semons les roses !
Ouvrons nos cœurs aux plaisirs !

Nuit de fête ! nuit d'ivresse !
Épuisons jusqu'au matin
La coupe enchanteresse
Que nous tend le Destin !

Loin de nous les soins moroses !
Tout sourit à nos désirs !
Sous nos pas semons les roses !
Ouvrons nos cœurs aux plaisirs !

Sur un signe de Mandragone, une troupe de danseurs et de danseuses envahit le théâtre.

BALLET.

Mandragone, qui est sorti pendant le ballet, rentre en scène.

MANDRAGONE.

Le seigneur Capello, député par Venise,
Demande à Votre Altesse une audience.

Mouvement de Bianca.

LE DUC.

Bien!
Nous l'attendons! qu'on l'introduise!...

Mandragone fait signe à un page qui sort par la galerie du fond.

BIANCA, à elle-même, avec douleur.

Mon père!...

LE DUC, à demi-voix.

Ne redoutez rien!...

LE PAGE, reparaissant.

L'ambassadeur vénitien!...

*Capello entre lentement en scène par la galerie du fond,
suivi de quelques seigneurs vénitiens.*

SCÈNE V

LES MÊMES, CAPELLO, SEIGNEURS VÉNITIENS,
puis PIETRO.

*Capello s'avance jusqu'au pied du trône, laissant ses compagnons de quel-
ques pas en arrière. Il s'incline profondément devant le Duc et relève la
tête, sans regarder Bianca.*

LE DUC.

Dieu vous ait en sa grâce,
Seigneur Capello!...

Aux seigneurs vénitiens.

Vous aussi,
Messieurs!... J'ai grand plaisir à recevoir ici
Tous ceux de votre race !

CAPELLO, tirant un parchemin de son pourpoint.

Seigneur Duc, nous venons, au nom du vieil honneur
Des familles patriciennes,
Au nom de notre ville et de ses lois anciennes,
Au nom de nos traités dont voici la teneur,
Vous demander justice !...

LE DUC.

De quel crime?...

CAPELLO, toujours impassible et sans regarder Bianca.

Une fille du nom de Bianca Capello,
Avec un plébéien, un artisan, Pietro,
Dont elle fut ensemble et complice et victime,
Au mépris de son rang, au mépris du devoir,
A fui la maison paternelle.
Florence n'a pas craint de la bien recevoir;
Et là, doublement criminelle,
Foulant aux pieds les dernières pudeurs,
Elle a trahi son amour même
Pour un second amour qui, dans le rang suprême,
Croit dérober sa honte à force de splendeurs !...

Murmures parmi les courtisans.

LE CHŒUR, à demi-voix.

Étrange audace !...

LE DUC, imposant silence du geste, et froidement.

Achevez !...

BIANCA, à part.

O supplice !...

CAPELLO.

Venise n'atteint pas le prince dans l'amant ;
Mais elle veut qu'on livre à sa justice
Celle dont les méfaits bravent le châtiment !

ENSEMBLE.

CAPELLO et LES SEIGNEURS VÉNITIENS.

Venise parle sans colère,
Au nom des antiques vertus ;
Le crime que la honte éclaire
Enfante Brutus !

LE DUC, à part.

Je frémis tout bas de colère !
Voilà d'insolentes vertus !
Je devrais un autre salaire
A ce fier Brutus !

BIANCA, à part.

De ma race, ô Dieu tutélaire,
Rends-moi les antiques vertus !
Couve en mon cœur, sainte colère
Digne des Brutus !

STROZZI, à part.

Il frémit tout bas de colère,
Devant de si hautes vertus !
Le crime que la honte éclaire
Enfante Brutus !

MANDRAGONE et LES SEIGNEURS.

Mon cœur a frémi de colère,
Voilà d'insolentes vertus !

4

Qu'il prenne garde de déplaire,
Ce nouveau Brutus !

LES FEMMES.

En faisant parler sa colère,
Au nom des antiques vertus,
Venise pourrait bien déplaire
Avec ses Brutus!

LE DUC, se levant, après un silence.

Je ne m'étonne pas que Venise, jalouse
De défendre ses droits,
Veuille frapper au nom des lois
La favorite !... mais... l'épouse ?...

TOUS, moins Bianca.

Que dit-il ?

LE DUC, donnant la main à Bianca qui se lève.

Régnez avec moi,
Bianca !...

Se tournant vers les autres personnages.

Je vous prends tous à témoin de ma foi !

ENSEMBLE.

LE DUC.

Soyez les garants de ma foi !

BIANCA, à part.

La vengeance veille avec moi !

CAPELLO, STROZZI et LES VÉNITIENS, à part.

Hymen sans honneur et sans foi !

MANDRAGONE et LE CHŒUR.

Cœur magnanime !... âme de roi !

Pietro s'est glissé parmi les courtisans, à droite. Il est masqué et se dissimule derrière les autres personnages.

LE DUC, à Capello, debout, sans descendre les degrés du trône.

Maintenant, j'en ai l'assurance,
L'ambassadeur vénitien
Voudra bien saluer le sang patricien
De la duchesse de Florence !...

Capello s'incline lentement devant Bianca ; les seigneurs vénitiens s'inclinent comme lui.

BIANCA, descendant les degrés du trône, très émue et à demi-voix.

O mon père !...

CAPELLO, se redressant, à voix basse.

Demain... chez Strozzi... je t'attends !

Pietro a remonté la scène ; il s'élance au milieu du théâtre ; à sa voix Capello et Bianca s'écartent.

PIETRO, se démasquant, au Duc.

Et moi, je ne veux pas que cet hymen infâme
S'accomplisse !... Bianca ne sera pas ta femme !...
Meurs, misérable !...

Il s'élance vers le Duc, resté debout sur l'estrade du trône, et le frappe de son poignard ; le poignard se brise.

BIANCA, MANDRAGONE et LE CHŒUR.
Dieu !...

Pietro désarmé redescend vivement les degrés ; Mandragone et quelques seigneurs s'élancent vers lui pour le saisir ; le Duc les arrête du geste.

LE DUC, *descendant les degrés du trône.*

Laissez !... contre les fous
Une cotte de maille à bon droit peut suffire !

PIETRO.

Enfer !... Il échappe à mes coups !...

LE DUC, *à Bianca qui s'est rapprochée de lui et qui semble
lui adresser une prière.*

Soit !... je pardonne encore à ses transports jaloux !...

PIETRO, *avec égarement.*

Non !... à ton lâche amour Bianca n'a pu souscrire !...

LE DUC, *souriant.*

Eh bien ! demande-lui de choisir entre nous !

BIANCA, *au Duc, tendrement et l'entourant de ses bras.*

Cet homme est en délire !...
Mon François !... Mon époux !

PIETRO, *altéré.*

O perfide !... ô parjure !...

*Il s'écarte et s'arrête en chancelant de l'autre côté de la scène, sous le regar
moqueur de Mandragone et de quelques courtisans.*

LE DUC, *avec éclat.*

Chassons d'ici
Le noir souci !...
J'oublie aujourd'hui toute injure !

CAPELLO, *à part.*

Et moi, je me souviens !...

BIANCA, *à part.*

O mon Pietro, merci !...

ENSEMBLE GÉNÉRAL.

LE DUC.

Plus d'offense ! plus de colère,
Au nom des antiques vertus !
J'ai payé, je crois, leur salaire
    A ces fiers Brutus !

BIANCA, à part.

De ma race, ô Dieu tutélaire,
Rends-moi les antiques vertus !
Couve en mon cœur, sainte colère
    Digne des Brutus !

PIETRO, CAPELLO et STROZZI.

Non ! rien n'apaise ma colère !
Tu railles en vain nos vertus !
Le crime que la honte éclaire
    Enfante Brutus !

LES SEIGNEURS VÉNITIENS.

Il enchaîne notre colère !
C'en est fait des nobles vertus !
Sa main, par un royal salaire,
    Désarme Brutus !

MANDRAGONE et LES SEIGNEURS.

Mon cœur a frémi de colère !
Voilà d'insolentes vertus !
On devait un autre salaire
    A ces fiers Brutus !

LES FEMMES.

Plus d'offense ! plus de colère,
Au nom des antiques vertus !

4.

On devait un autre salaire
A ces fiers Brutus !

Bianca s'appuie amoureusement sur le bras du Duc; Capello et les seigneurs vénitiens s'inclinent devant eux et semblent prêts à se retirer. Pietro s'éloigne comme un fou.

LE CHŒUR.

Soyons en liesse !
Plus de noirs soucis !
Gloire à la duchesse !
Gloire à Médicis !

La toile tombe.

ACTE QUATRIÈME

Une salle dans le palais de Strozzi. — Au fond, grande fenêtre s'ouvrant sur un balcon d'où la vue embrasse toute la ville de Florence. — De chaque côté deux grandes portes en pan coupé. — Sur le premier plan à droite, une porte dérobée; sur le même plan à gauche, une porte garnie d'une portière. — Il fait nuit. — La scène est éclairée par des candélabres.

SCÈNE PREMIÈRE

STROZZI, MATEO, Seigneurs Florentins.

LE CHŒUR.

Oui !... dès demain qu'il meure !
Que cet hymen fatal
Marque sa dernière heure
Et donne le signal !

STROZZI.

Il a tué l'honneur de nos familles !

MATEO.

Il a payé d'infâmes ravisseurs !

STROZZI.

Il a séduit nos filles !

MATEO.

Il a flétri nos sœurs !

STROZZI.

Il a par d'invisibles trames
Volé les droits de la cité !

MATEO.

Par la servitude des âmes
Il a tué la liberté !

TOUS.

Oui !... Dès demain qu'il meure !
Que cet hymen fatal
Marque sa dernière heure
Et donne le signal !

MATEO, à Strozzi.

Avez-vous décidé qui succède à cet homme ?

STROZZI.

Le Cardinal, son frère, est attendu de Rome !

MATEO.

Encore un Médicis !

STROZZI.

De qui les cheveux blancs
Nous promettent du moins un esprit calme et sage !
Ses vertus au pouvoir marqueront son passage.

MATEO.

Sait-il ?..

STROZZI.

Non ! son grand cœur eût déjoué nos plans !
Pour qu'il accepte la couronne,
Il faut qu'elle soit libre et que Dieu la lui donne !

LE CHŒUR.

Oui ! oui ! le Cardinal !

MATEO.

C'est bien !... mais parmi nous
Est-il encore un traître
Pour nous livrer aux vengeances du maître ?
Qui frappera ?...

STROZZI.

Frappons tous à la fois !

LE CHŒUR.

Oui, tous !

MATEO.

Un mot encor !... J'ai peur de Capello, votre hôte.
Ce festin qui nous doit rassembler aujourd'hui
Va nous faire connaître à lui !
C'est peut-être une faute !...
Dompté par Médicis, il a dû condamner
Son courroux, en voyant sa fille au rang suprême ;
Et, s'il venait à soupçonner...

STROZZI.

Il va te répondre lui-même !...

*Il va soulever la portière de la petite porte de gauche ;
Capello entre en scène.*

SCÈNE II

LES MÊMES, CAPELLO.

MATEO et LE CHŒUR.

Capello ! trahison !...

CAPELLO.

Trahison ?... par le Ciel !
N'avez-vous pas compris mon âme ?
La honte couronnée et conduite à l'autel
Ne suffit pas à l'honneur paternel,
Et c'est moi le premier qui frapperai l'infâme !...

MATEO et LE CHŒUR.

C'est parler comme un vieux Romain !
Pardonnez-nous, Strozzi !... Capello, votre main !...

CAPELLO, avec solennité.

Veille sur nous, Dieu de justice !
Arme nos bras et nous défends !
Que ta droite s'appesantisse
Sur les coupables triomphants !

TOUS.

Que ta droite s'appesantisse
Sur les coupables triomphants !

CAPELLO.

Rends à nos âmes l'espérance
Et rends l'honneur à nos maisons !
Nous vengeons Venise et Florence
Des crimes et des trahisons !

TOUS.

Rends à nos âmes l'espérance
Et rends l'honneur à nos maisons !

Un bruit de guitares et de voix, — hommes et femmes, — se fait entendre
au dehors ; — Strozzi ouvre les battants de la fenêtre ; on aperçoit la ville
de Florence éclairée par la lune, et, se détachant sur un fond sombre, la
façade du vieux palais dont toutes les fenêtres sont illuminées ; tout le
monde prête l'oreille.

CHŒUR, au dehors.

Vaines ombres,
Vertus sombres
Qui fuyez le jour,
L'Italie
Vous oublie
Pour des chants d'amour !...

Rires et vocalises.

ENSEMBLE.

Ah ! ah ! ah ! ah !...

MATEO, pendant les vocalises.

Non ! le Devoir encor n'a pas fui sans retour !

LE CHŒUR AU DEHORS.

Vierge folle,
Cœur frivole,
Glisse comme l'eau !
L'honneur même,
Pour emblème
Prendra Capello !...

Rires et vocalises.

ENSEMBLE.

Ah ! ah ! ah ! ah !...

CAPELLO, pendant les vocalises.

C'est mon nom que l'on jette aux rives de l'Arno !...

*Un page entre par le fond à gauche et vient prendre les ordres de Strozzi,
qui lui parle bas et le renvoie du geste. Le page sort.*

STROZZI.

Silence, amis !... Il y va de la vie !...
Pour abuser tous les regards

Sous les fleurs cachons nos poignards !
Ce soir encor le festin nous convie ;
Endormons-nous une coupe à la main !
Nous nous réveillerons demain !

MATEO.

Demain !

CAPELLO.

Demain !

TOUS, d'une voix sourde.

Oui !... Dès demain qu'il meure !
Que cet hymen fatal
Marque sa dernière heure
Et donne le signal !...

La porte du fond, à gauche, s'ouvre et laisse entrevoir une salle brillamment éclairée ; Strozzi y entre suivi de ses hôtes, Capello en tête. — La porte se referme derrière eux. La fenêtre est restée ouverte. — La porte dérobée de droite s'ouvre lentement ; Juanita paraît sur le seuil et entre avec précaution ; elle est enveloppée dans un manteau.

SCÈNE III

JUANITA, seule.

J'ai vu passer par la porte entr'ouverte
De noirs fantômes !... Moi, de ce manteau couverte,
J'ai franchi sur leurs pas le seuil de ce palais !...

Regardant autour d'elle.

Je suis seule !... L'oiseau, dans la campagne verte,
S'est échappé de leurs filets !

Où sont-ils?... Je veux les entendre !...
Leur projet, je le connais bien !
C'est du sang qu'ils veulent répandre,
Le sien, grand Dieu !... Toujours le sien !
Mais je suis là, moi, pauvre folle,
Et je pénètre leur dessein !...

Comme si elle répétait des paroles entendues.

« Qui frappera?... — Moi !... » — Vole, vole,
Petit oiseau !... Ton chant console
Et dit le nom de l'assassin !...
     Vole, petit oiseau !... vole !

Elle s'approche tristement de la fenêtre et regarde Florence

O rives de l'Arno !... Peuple ! Seigneurs ! valets !...
Florence courtisane et de fleurs couronnée !...
Sombres couvents !... Et toi, façade illuminée
          Du vieux palais !...
     Que d'ombres et de lumières !
     Que de douleurs ! Que de plaisirs !
     Que de rires et de prières !
     Que de chansons et de soupirs !...

S'animant.

Les soupirs sont pour moi ! La chanson est pour elle !...
Une autre a son amour !... à moi l'oubli moqueur !
C'est là que vont mes yeux ! c'est là que va mon aile !
          C'est là que va mon cœur !

Redescendant la scène.

Pourquoi t'aimé-je, ingrat?...

Écoutant et indiquant la porte du fond à gauche.

     Dieu ! là !...

Elle court à la porte et l'entr'ouvre.

5

Non !... folle ivresse !
C'est un festin qui les rassemble !

Elle referme doucement la porte et redescend la scène.

O Dieu puissant,
Tu dissipes enfin l'angoisse qui m'oppresse !...
Leur fureur vengeresse
Ne songeait pas ce soir à répandre le sang !
Vole, petit oiseau, vole !...

Prêtant de nouveau l'oreille et indiquant la porte du fond à droite.

On vient !... Il ne faut pas qu'on me voie !... on voudrait
M'enfermer !...

Reprenant sa chanson.

Vole ! vole !
Petit oiseau !... Ta voix est folle,
Et tu dois taire ton secret !
Vole, petit oiseau, vole !...

Tout en chantant elle a reculé jusqu'à la fenêtre ; en voyant s'ouvrir la porte du fond, à droite, elle met le pied sur le balcon et referme les battants sur elle. Un page entre en scène à reculons, comme s'il voulait barrer le passage à Pietro qui paraît après lui sur le seuil.

SCÈNE IV

PIETRO, un Page

PIETRO.

Dites au seigneur Capello
Que Pietro le demande ! Il viendra, sur ma vie !...

Le page, après un mouvement d'hésitation, se décide à obéir, et sort par la porte du fond, à gauche. — Pietro reste seul en scène.

Maintenant, le supplice infamant... le tombeau,
Que m'importe?... — Destin, ma douleur te défie !...
Tu ne me feras pas, ô sort qui me poursuis,
　　　Plus malheureux que je ne suis !

　　　Coulez, mes pleurs ! Dans ma pensée
　　　Je cherche en vain d'autres douleurs !
　　　Tout autre image en est chassée !...
　　　Qui donc était ma fiancée?...
　　　　　Coulez, mes pleurs !

　　　Elle mentait !... Le doux empire
　　　De ce regard qui m'enchantait,
　　　Sa voix, ses larmes, son sourire,
　　　Tout cela mensonge ou délire !...
　　　　　Elle mentait !

Bianca paraît sur le seuil de la porte du fond, à droite, et s'avance.

SCÈNE V

PIETRO, BIANCA.

BIANCA.

Non, je ne mentais pas !...

PIETRO.

　　　　Vous?

BIANCA.

　　　　　　Tu me crois infâme.
Je le sais !... mais lis-tu dans le fond de mon âme?...

PIETRO, *amèrement.*

Ce qu'hier vous étiez, vous l'êtes aujourd'hui !
Votre père...

BIANCA.

Tout est juste, venant de lui !...
Mais toi ! toi que j'aimais ! toi qui de ma folie
Fus la cause funeste et qui guid'as mes pas,
Toi pour qui je me suis abaissée, avilie,
Toi que j'aime !...

Mouvement de Pietro.

Oui, cruel !...Toi !... Tu ne doutes pas ?.

PIETRO.

Douter, quand ces parures même !...

BIANCA.

Fallait-il donc te revenir
Sans vengeance et traînant cette honte suprême
De l'outrage et du souvenir ?...

PIETRO, *avec ironie.*

La vengeance du moins est de pourpre vêtue !
Elle accepte son trône ! elle accepte sa foi !

BIANCA.

Il est vrai ; c'est infâme !... Eh ! bien écoute-moi !...
Je l'épouse demain ! mais demain... je le tue !...

Mouvement d'effroi de Pietro ; il regarde Bianca avec stupeur.

ENSEMBLE.

BIANCA

Je suis le sombre châtiment !
De faveurs en vain l'on m'accable !

Je suis la vengeance implacable !
Je marche à mon but lentement !

PIETRO.

Je la contemple, ô Dieu clément !
Le Destin vainement l'accable !
Elle est la vengeance implacable !
Elle est le sombre châtiment !

BIANCA.

Est-ce un mensonge encor ?... Eh bien, fais-en l'épreuve !
Ce n'est pas sa grandeur que je veux, c'est son nom !...
Qui ? moi ? De Médicis être la femme ? non !

Terrible.

Je veux être sa veuve !...

PIETRO.

O Dieu ! que me dis-tu ?
Noble orgueil ! cœur sublime !... indomptable vertu !...
Le monde accusera cette main d'être infâme,
De ton nom détesté détournera les yeux,
Et pure et sans tache, ton âme
S'envolera dans les cieux !

BIANCA.

Pietro !

PIETRO, la serrant dans ses bras.

Je t'adore !... je t'aime !...
— Mais, quoi ! tu vas l'offrir toi-même
A la mort !... Et ta main, en le faisant périr,
Attire sur toi l'anathème !

BIANCA, avec un douloureux abandon.

Eh bien !.. il est doux de mourir !...

PIETRO.

Non! ne meurs pas! pardonne, oublie
Les défaillances de mon cœur!
Je t'accusais, dans ma folie,
Des crimes de ton ravisseur!
Ne meurs pas! ma vie à la tienne
Est enchaînée, et pour jamais!...
Que ton cœur encor se souvienne!...
Je t'aime comme je t'aimais!...
Ta honte, mon baiser l'efface!...
      Suis mes pas!...
Viens! fuyons sans laisser de trace!
      Ne meurs pas!...

BIANCA.

Non! voir un éternel outrage
      Me flétrir!...
Cruel! laisse-moi mon courage
      Pour mourir!...

ENSEMBLE.

PIETRO.

Ne meurs pas? ma vie à la tienne
Est enchaînée, et pour jamais!
Que ton cœur encor se souvienne!
Je t'aime comme je t'aimais!
Ta honte, mon baiser l'efface!...
      Suis mes pas!...
Viens! fuyons sans laisser de trace!
      Ne meurs pas!...

BIANCA.

Cette main souillerait la tienne!
Je suis flétrie à tout jamais!

Que ton cœur, hélas! se souvienne!
Je t'aime comme je t'aimais!...
Une honte que rien n'efface
          Suit mes pas!...
Il faut pour en laver la trace
          Le trépas!...

Pietro veut entraîner Bianca. — Capello paraît sur le seuil de la porte du
              fond, à gauche.

SCÈNE VI

LES MÊMES, CAPELLO.

CAPELLO.

Ah! vous voilà tous deux!...

BIANCA, se séparant brusquement de Pietro.

Mon père!...

PIETRO, après un silence.

                                        Quel supplice
Vous vengera de moi... quel bourreau?

CAPELLO, montrant Bianca.

                                        Ta complice!...
Tu l'as instruite au crime en la déshonorant;
Tu me l'as prise!... Eh bien! le crime te la prend!

PIETRO.

Non! vous méconnaissez une âme magnanime!
Tuer le ravisseur dans l'époux... est-ce un crime?...

CAPELLO.

Tuer le ravisseur!... toi, grand Dieu?...

BIANCA, sombre.

Trahison

Pour trahison!... une cuirasse
Résiste au fer, non au poison!...

Mouvement de Pietro et de Capello.

Vous frémissez?... pourquoi?...

A Capello d'un accent farouche.

Je suis de votre race!...
Il a volé ma liberté,
Dérobé mon honneur, abaissé ma fierté!:...
Et maintenant, fier de son crime,
Il pense en m'épousant le rendre légitime!...
Non! il me trouvera debout sur son chemin!
C'est moi qu'il a flétrie!... il mourra de ma main!...

CAPELLO.

Ma fille!...

BIANCA.

Ah! ce doux nom revient sur votre bouche!...
Hélas! j'embrasse vos genoux!...
De deux cœurs malheureux que la douleur vous touche!...
O mon père, pardonnez-nous!...

CAPELLO, à Pietro et à Bianca qui se sont agenouillés
devant lui.

Bianca! Pietro! relevez-vous!...
Je pleure et ne m'en puis défendre!...

A Bianca.

Hâte, puisqu'il le faut, cet exécrable hymen,
Mais laisse nos poignards...

BIANCA.

Le poignard peut attendre!...
A demain, mon père!...

CAPELLO et PIETRO.

A demain !

ENSEMBLE.

BIANCA.

Je suis le sombre châtiment !
De faveurs en vain l'on m'accable !
Je suis la vengeance implacable !...
Je marche à mon but lentement !

CAPELLO et PIETRO.

Je la contemple, ô Dieu clément !
Le destin vainement l'accable !...
Elle est la vengeance implacable !...
Elle est le sombre châtiment !...

Bianca reprend son manteau et sort par la porte du fond à droite après avoir envoyé un dernier geste d'adieu à son père et un dernier regard à Pietro. — Capello la suit des yeux, puis, sans regarder Pietro, il sort lentement par la porte du fond, à gauche. — Pietro attend que Capello ait disparu et s'élance sur les traces de Bianca. — La fenêtre s'ouvre et livre passage à Juanita qui descend la scène avec égarement.

SCÈNE VII

JUANITA, seule.

Le bruit de voix et de guitares se fait de nouveau entendre au dehors.

ENSEMBLE.

CHŒUR, au dehors.

Vierge folle !
Cœur frivole !
Glisse comme l'eau !

5.

L'honneur même
Pour emblème
Prendra Capello!...
Ah! ah! ah! ah!...

JUANITA, reprenant sa chanson.

Ah!... je suis là!... moi, pauvre folle,
Et je pénètre leur dessein!
« Qui frappera?... Moi! » — Vole, vole,
Petit oiseau!... ton chant console
Et dit le nom de l'assassin!..
Vole, petit oiseau!... vole!...
Bianca!... Bianca Capello!...

Elle s'élance et disparaît par la porte du fond, à droite. — La toile tombe.

ACTE CINQUIÈME

Une salle du palais. — Sur le premier plan, à droite, une porte-fenêtre garnie de rideaux et s'ouvrant sur une tribune de la chapelle. — Sur le même plan, à gauche, une petite estrade. — Sur le second plan, deux grandes portes latérales. — Le troisième plan est occupé par une balustrade à hauteur d'appui reliant les murs à deux colonnes qui forment ouverture au milieu du théâtre. Un perron d'une marche donne accès, par cette ouverture, dans une vaste galerie qui occupe tout le fond de la scène. — De larges draperies masquent cette galerie pendant le commencement de l'acte.

SCÈNE PREMIÈRE

PIÉTRO, PAGES, GARDES.

Pietro, en costume de moine, est accoté contre la porte de la tribune et regarde dans la chapelle.

CHŒUR, dans la chapelle.

Seigneur, écoute nos prières !
Donne de longs jours aux époux !
Verse-leur tes saintes lumières !
Exauce-nous !

PIETRO.

O rage ! suborneur infâme !
Lui, son maître !... lui, son époux !
Eclatez, céleste courroux,

Avant que Bianca soit sa femme !...

Descendant en scène.

Ah ! j'ai trop présumé de mon courage !... Cieux
Voir bénir devant moi cet hymen odieux !.

  Seigneur, que ma voix vengeresse
    Monte vers toi !
  Change cet hymne d'allégresse
    En cris d'effroi !
  Que chaque prière retombe
    Comme un remord
  Sur ce front penché vers la tombe,
    Prêt pour la mort !
  Que ce dais plane sur sa tête !...
    Encor plus haut !...
  Ce trône, cette estrade en fête,
    C'est l'échafaud !...
  Flambeaux, vision éclatante
    Du paradis,
  Soyez une chapelle ardente !
    De profundis !...

ENSEMBLE.

LE CHŒUR, dans la chapelle.

Seigneur, écoute nos prières !
Donne de longs jours aux époux !
Verse-leur tes saintes lumières
  Exauce-nous !

PIETRO.

Seigneur ! écoute ma prière !
Le crime t'implore à genoux !
Dieu de justice et de colère,
Venge-toi ! venge-nous !

PIETRO, se tournant vers la porte de gauche qui s'ouvre.

Mandragone?...

Il remet vivement son capuchon et s'éloigne par le fond.

SCÈNE II

MANDRAGONE, JUANITA.

MANDRAGONE, entrant suivi de Juanita.

Suis-moi !...

Voyant s'éloigner Pietro sous la robe de moine.

Parlons bas !...

Après la sortie de Pietro.

S'il épouse

Bianca, dis-tu...

JUANITA.

C'est fait de lui !

MANDRAGONE.

Parole de femme jalouse,

Peut-être !...

JUANITA.

Non !...

MANDRAGONE.

Bianca veut le tuer ?...

JUANITA.

Oui !... oui !...

MANDRAGONE.

Comment ?...

JUANITA, faisant effort pour se souvenir.

Je ne sais plus !

MANDRAGONE.

A-t-elle des complices ?

JUANITA.

Je ne sais plus !

MANDRAGONE.

Pourquoi ce forfait insensé,
Quand un illustre hymen rachéte le passé ?

JUANITA.

Je ne sais plus !

MANDRAGONE, avec colère.

Faut-il inventer des supplices
Pour te faire parler ?...

Juanita fait un geste d'effroi. Mandragone remet le stylet dans sa poche.

Allons ! je perds l'esprit...

JUANITA, avec énergie.

S'il épouse Bianca, je te dis qu'il périt !

Les chants religieux se font de nouveau entendre.
L'orgue entonne un chant de triomphe.

MANDRAGONE.

Écoute !... Ils sont unis !...

JUANITA.

O fatalité sombre !...

MANDRAGONE.

Ils marchent au festin !...

JUANITA, frappée des paroles de Mandragone.

Le festin !

MANDRAGONE, vivement.

Souviens-toi !...

Juanita secoue tristement la tête. — Mandragone étend la main
vers la galerie du fond.

Ils vont paraître là !...

JUANITA.

Là !...

MANDRAGONE, lui indiquant la porte de la tribune.

Cache-toi dans l'ombre !...

Et, si tu te souviens...

JUANITA.

Dieu bon ! inspire-moi !...

Elle se cache à moitié derrière les rideaux qui garnissent la porte de la
tribune. — Des gardes et des pages rentrent en scène. — Deux gardes se
placent au pied des colonnes. — Fanfares au dehors.

MANDRAGONE, aux pages.

Ouvrez !...

Les pages ouvrent les deux portes latérales.

SCÈNE III

Les Mêmes, MATEO, PIETRO, sous son froc. — **MOINES, QUARTENIERS,** représentant des corps de métier avec leurs bannières, **PEUPLE.**

Les quarteniers se placent sur la petite estrade de gauche. — Les moines, parmi lesquels se trouve Pietro, se rangent à droite. La foule occupe les deux côtés de la scène. — Les pages et les gardes restent groupés au fond près de la balustrade. — Mandragone va de groupe en groupe observant les physionomies (Les fanfares se taisent).

MANDRAGONE, s'arrêtant devant Mateo, d'un air enjoué.

Eh bien ! Mateo... mon armure ?...

MATEO.

Demain, Seigneur !

MANDRAGONE.

Est-elle forte et sûre ?...

MATEO.

Très sûre !...

Mandragone passe à un autre groupe et remonte vers le fond de la scène.

PIETRO, à demi-voix, sous son capuchon, en faisant signe à Mateo.

Mateo !...

MATEO, s'approchant de Pietro qui soulève un peu son capuchon.

Toi !...

PIETRO, à voix basse.

Tu sais nos desseins ?...

MATEO, de même.

Oui !... silence !...

Ils s'écartent et reprennent leur première place. Mandragone redescend la scène.

MANDRAGONE, à part, après avoir jeté un regard de défiance sur Mateo et Pietro dont il a aperçu le mouvement.

Je vois partout des assassins !...

Il fait un signe. Les draperies du fond s'écartent dans toute leur largeur et laissent voir la galerie où sont dressées de longues tables entourées de convives. Au milieu de la scène, une petite table séparée où sont assis le Duc et Bianca. — Capello et Strozzi à la table de gauche. — Le fond de la salle est garni de spectateurs assis sur des gradins. — Les fanfares éclatent avec plus de force. — Mandragone s'accoude sur la balustrade.

SCÈNE IV

Les Mêmes, LE DUC, BIANCA, CAPELLO, STROZZI, Seigneurs et Dames, puis LE CARDINAL FERDINAND DE MÉDICIS.

CHŒUR, dans le fond du théâtre.

Sonnez, fanfares
Des époux !...
Destins avares,
Loin de nous !...
Sonnez, fanfares
Des époux !

Les fanfares se taisent.

STROZZI, se levant la coupe à la main et s'adressant à Bianca.

Je parle au nom de Florence,
Et j'apporte à votre cœur

Des paroles d'espérance,
Et des souhaits de bonheur !
Que Dieu, qui lit dans notre âme,
Veuille vous garder, Madame,
De tout malheur !

Il boit.

MANDRAGONE et **LE CHŒUR**, dans le fond du théâtre.

Que Dieu vous garde !

ENSEMBLE.

MATEO et **PIETRO**, sur le devant de la scène, à part.

O Dieu vengeur !...

JUANITA, soulevant le rideau qui la cache.

O Dieu sauveur !

Strozzi se rassied. Capello se lève une coupe à la main.

CAPELLO, s'adressant à Bianca.

Je parle au nom de Venise
Dont le cœur n'a pu changer ;
A la foi par vous promise
Nul de nous n'est étranger !
Que Dieu, qui lit dans notre âme,
Veuille vous garder, Madame
De tout danger !

Il boit.

MANDRAGONE et **LE CHŒUR**, dans le fond du théâtre.

Que Dieu vous garde !...

Capello se rassied.

LE DUC, se levant, une coupe à la main.

Au nom de la Duchesse
Je vous remercie, et je veux,

En portant la santé de ma Dame et maîtresse,
Partager votre espoir et répondre à vos vœux !

Tendant sa coupe.

Qu'on emplisse ma coupe !...

BIANCA, *arrêtant le page pour verser, et souriante.*

Une coutume ancienne
Ne veut-elle pas, Monseigneur,
Que je prenne la vôtre et vous offre la mienne ?...

LE DUC, *reposant sa coupe.*

Vous me comblez de joie et de bonheur.

Il tend la main pour prendre la coupe de Bianca. — Celle-ci lui fait signe
d'attendre. — Le Duc se rassied et la regarde amoureusement. — Bianca
se lève à son tour, sa coupe à la main. — Pendant ce temps, Mandragone s'est glissé vivement, au milieu des groupes de droite, jusque auprès
de Juanita qu'il interroge du regard. — Celle-ci, écoute, l'œil fixe, ca-
chée par le groupe qui l'entoure, aux yeux de Pietro et de Mateo.

BIANCA.

Buvez ! Venise et Florence
Peuvent compter sur ma foi !...
Buvez !... un cri d'espérance
Les rassemble autour de moi !...
Que toute crainte se noie
Dans la coupe où vous trouvez,
Le bonheur, l'amour, la joie !...
Buvez !...

ENSEMBLE.

LE DUC.

O voix dont je subis le charme !
Aveux rêvés !...

CAPELLO, STROZZI et CHŒUR GÉNÉRAL.

Heureux époux ! De toute alarme
Soyez sauvés !

MATEO et PIETRO, à part.

Noble Duc ! L'amour vous désarme !
Buvez ! buvez !

JUANITA, à part.

Dieu puissant ! dissipez le charme
Et le sauvez !

MANDRAGONE, à part.

Noble Duc, est-ce encore une arme
Que vous bravez ?...

BIANCA.

Buvez ! que Dieu vous délivre
De tout amer souvenir !
Buvez ! il est doux de vivre
En riant à l'avenir !
Dans la coupe enchanteresse
Tous les biens que vous rêvez
Vous promettent leur ivresse !...
Buvez !...

ENSEMBLE.

LE DUC.

O voix dont je subis le charme !
Aveux rêvés !

CAPELLO, STROZZI et CHŒUR GÉNÉRAL.

Heureux époux ! De toute alarme
Soyez sauvés !

MATEO ET PIETRO, à part.

Noble Duc ! L'amour vous désarme !
Buvez ! buvez !

JUANITA, à part.

Dieu puissant, dissipez le charme,
Et le sauvez !

MANDRAGONE, à part.

Noble Duc, est-ce encore une arme
Que vous bravez ?

BIANCA.

Buvez !... Buvez !...

LE DUC, se relevant et prenant la coupe que lui tend Bianca.

A vous, Bianca !...

Il va pour porter la coupe à ses lèvres et s'arrête à la voix de Juanita
qui s'élance brusquement au milieu du théâtre.

JUANITA.

Sonnez, fanfares
De la mort !
Frappez, barbares,
Sans remord !
Sonnez, fanfares
De la mort !...

Mouvement de stupeur parmi les assistants. — Dans le fond du théâtre
tous les convives se lèvent.

LE DUC.

Quelle insolente voix ?...

MATEO, d'une voix sourde.

Juanita !...

MANDRAGONE, qui a regagné le fond de la scène
près de la balustrade.

           Sur mon âme !

Écoutez, Monseigneur !... c'est un épithalame !

       JUANITA.

   La reine est au festin !
   La coupe est préparée !
   Du roi l'âme enivrée
   Affronte le Destin !...
    Sombre statue !...
    Vaines clameurs !...
     Moi, je meurs !...

        Étendant la main vers Bianca.

   Elle... tue !...

    CHŒUR GÉNÉRAL.

  Que dit-elle ?...

    PIETRO, à part.

       Enfer !...

   MATEO, à demi-voix.

  Tais-toi !

     BIANCA.

    Quel délire ?...

  LE DUC, regardant Bianca.

  Faut-il en sourire ?...

  MATEO et PIETRO, à part.

  Nous avons le fer !...

ENSEMBLE.

JUANITA.

Sonnez, fanfares
De la mort!
Frappez, barbares,
Sans remord!
Sonnez, fanfares
De la mort!

TOUS.

Quel démon s'empare
De cette folle?... Quel transport
A son âme qui s'égare
Souffle un chant de mort?...

Le Duc, la coupe à la main, descend en scène, suivi de Bianca et des autres
personnages. — Une partie des convives garnissent la galerie du fond;
Strozzi et Capello descendent à droite.

LE DUC, s'approchant de Juanita et la reconnaissant.

Juanita!... J'aurais dû m'en douter!... folle histoire!

Regardant Bianca.

Pourquoi pâlissez-vous?...

BIANCA.

Moi?... l'indigne soupçon...

LE DUC.

Il est vrai!... ce n'est pas une folle chanson,
C'est votre regard qu'il faut croire.

Au moment de vider la coupe, il s'arrête encore à la voix de Juanita.

JUANITA, avec une nouvelle énergie.

Elle-même à son roi

Elle a tendu le piège !
Épouse sacrilège,
Elle pàlit d'effroi !...
Sombre statue !
Vaines clameurs !
Moi, je meurs !
Elle... tue !...

MANDRAGONE, bas au Duc.

Prenez garde !...

BIANCA.

Eh ! quoi !...
Votre cœur l'écoute ?...

TOUS.

Il hésite !... Il doute !...

BIANCA.

Vous doutez de moi !

ENSEMBLE.

JUANITA.

Sonnez, fanfares
De la mort !
Frappez, barbares,
Sans remord !
Sonnez, fanfares
De la mort !

TOUS.

Quel démon s'empare
De cette folle ?... quel transport
A son âme qui s'égare

Souffle un chant de mort?

*Bianca, après un moment d'hésitation, prend vivement la coupe
des mains du Duc et la vide à moitié.*

BIANCA, souriante.

Vous ne douterez plus, j'espère?...

CAPELLO, que Strozzi cherche en vain à retenir.

Ma fille!...

BIANCA, avec beaucoup de calme.

Qu'avez-vous, mon père?...
Je bois à mon époux!

LE DUC, reprenant la coupe des mains de Bianca.

Pardonnez-moi, Bianca!... je bois à vous!...

Il vide la coupe d'un trait. — A Mandragone en lui montrant Juanita.

Que cette folle soit battue
De verges!... tu m'entends?...

JUANITA, douloureusement.

Moi, je meurs!... Elle... tue!...

BIANCA, poussant un cri.

Ah!...

Elle chancelle.

LE DUC, se retournant.

Qu'est-ce donc?...

BIANCA, souriante.

Rien!... le poison!...

Mouvement d'horreur dans la foule.

LE DUC.

Le poison?..

6

BIANCA.

Mon front est livide,
N'est-ce pas?... Et la coupe est vide?...

Capello et Pietro s'élancent et la soutiennent dans leurs bras.

CAPELLO.

Ma fille!...

PIETRO.

Ma Bianca!...

LE DUC, *jetant la coupe avec horreur.*

Perfide!...

MANDRAGONE et LE CHŒUR.

Trahison!...

BIANCA, *reconnaissant Pietro dont le capuchon s'est renversé en arrière.*

O joie ineffable et suprême
De mourir dans ses bras!...

Au Duc.

Toi, meurs en blasphémant!...

Lui montrant Pietro.

Le voilà, mon époux!... Le voilà, mon amant!...
Je te maudis!... Et lui!... je l'aime!...

Elle tombe morte entre les bras de Capello et de Pietro.

CHŒUR GÉNÉRAL.

O jour d'horreur!...

LE DUC, *chancelant et promenant autour de lui des yeux égarés.*

A moi, Mandragone!... La mort
M'a-t-elle enveloppé de ses ombres funèbres?...

Suis-je seul?... suis-je seul au milieu des ténèbres!
A moi!... je meurs!... ah!...

Il tombe; Juanita s'élance vers lui, s'agenouille et lui soulève la tête.

JUANITA.

Chut!... il dort!...

CHŒUR GÉNÉRAL.

O deuil!...

*Fanfares au dehors. — Strozzi remonte vers le fond de la scène. — Mag-
dragone se cache dans l'embrasure de la tribune, à droite.*

STROZZI.

Le cardinal, ambassadeur de Rome,
Ferdinand de Médicis!
Florence à l'acclamer invite tous ses fils!

Montrant le cadavre du Duc.

Que Dieu fasse paix à cet homme!
Médicis est mort!... Vive Médicis!...

*Le Cardinal, précédé de pages et suivi de valets, paraît dans la galerie du
fond et s'arrête, frappé d'horreur, auprès de Strozzi, en voyant le cadavre
de son frère.*

CHŒUR GÉNÉRAL.
Vive Médicis! Vive Médicis!

FIN

BOURLOTON. — Imprimeries réunies, B.

DERNIÈRES PIÈCES PARUES

	fr.	c.		fr.	c.
Néron, drame	2	»	Les Poupées de l'Infante, op. c.	2	»
Néron, opéra	2	»	Pendant le Bal, comédie	1	50
Une Nuit de Cléopâtre, opéra	1	»	Le Voyage d'agrément, com.	2	»
Les Petits Mousquetaires, op. c.	2	»	Miss Fanfare, comédie	2	»
Les Pattes de Mouche, com.	2	»	Le Klephte, comédie	1	50
La Duchesse Martin, comédie	1	50	L'Alouette, comédie	1	50
Un Roman parisien, pièce	2	»	Le Récit de Théramène, par. en v	1	»
Divorçons, comédie	2	»	Le Canard à trois becs, op. bouf.	2	»
Le Roi l'a dit, op. com.	2	»	La Noce d'Ambroise, tabl. pop.	1	50
L'Homme de peine, drame	2	»	La Petite Sœur, comédie	1	50
Le Chevalier Jean, dr. lyr.	1	»	Jean Baudry, pièce	2	»
Diana, opéra comique	2	»	La Papillonne, comédie	2	»
La Parisienne, comédie	1	»	Charlotte Corday, drame	2	»
Le Chiffonnier de Paris, drame	1	»	La Moabite, pièce en vers	2	»
Château de Tire-Larigot, com.	1	»	Rataplan, revue	2	»
Joli Gilles, opéra comique	1	»	Les Braves Gens, comédie	2	»
Macbeth, drame	2	»	Belle Lurette, opéra comique.	2	»
Les Invalides du Mariage, com.	2	»	Daniel Rochat, comédie	2	»
L'Enclume, opéra comique	1	»	Jean de Nivelle, opéra com.	1	»
Indigne, pièce	2	»	Les Mouchards, pièce	»	50
La Poupée, monologue	4	»	La Victime, comédie	1	50
Sapho, opéra	1	»	Beau Nicolas, opéra com	2	»
Richard III, opéra	1	»	Le Mari de la débutante, com.	2	»
Les Affolés, comédie	2	»	La Famille, comédie	1	50
La Revanche du Capitaine, com.	1	50	L'Étincelle, pièce	1	50
La Farandole, ballet	1	»	Les Tapageurs, comédie	2	»
François les Bas bleus, op. c.	1	»	Le Petit Hôtel, comédie	1	50
Autour du Mariage, comédie	2	»	La Petite Mademoiselle, op. c.	2	»
Le Monde où l'on s'ennuie, com.	2	»	Yedda, ballet	1	»
La Princesse de Bagdad, com.	2	»	Etienne Marcel, opéra	1	»
Françoise de Rimini, opéra	2	»	L'Age ingrat, comédie	2	»
Boccace, op. comique	2	»	Les Danicheff, com.	2	»
Le Jour et la Nuit, op. bouffe	2	»	Le Club, comédie	2	»
Héloïse Paranquet, comédie	2	»	Les Fourchambault, comédie	2	»
Orphée, drame	2	»	Le Petit Duc, opéra comique	2	»
Portraits de la marquise, com.	1	50	Hernani, drame	2	»
Le Narcotique, comédie	1	50	Le Roi de Lahore, opéra	1	»
Othello, drame	2	»	Oh! Monsieur! saynète	1	»
La Brebis égarée, comédie	2	»	L'Étrangère, comédie	2	»
La Carte forcée, comédie	1	50	Paul Forestier, com. en vers	2	»
Quatrevingt-Treize, drame	2	»	Aïda, opéra	1	»
Les Pantins, opéra com.	1	»	Paul et Virginie, opéra	1	»
La Roussotte, comédie	2	»	Madame Caverlet, comédie	2	»
Janot, opéra comique	2	»			

Paris. — Imprimerie Ph. Bosc, 3, rue Aubet